中国历史轻松阅读系列

江月◎编著

中国纺织出版社

内 容 提 要

本书内容的主体是从公元前1046年到公元前256年的这一段历史。西周是封建社会的形成与奴隶社会的解体时期，而东周则是封建社会的初期，是一个大变革时代。东周又分为春秋与战国两个阶段，前者的主要时代特征是“争霸”，后者的主要时代特征是秦对六国的“兼并”与“统一”。在传统意义上，战国从公元前403年“三家分晋”到公元前221年，秦始皇统一六国结束，终结时间要略迟于周朝。为能让读者对这一段历史有一个整体印象，本书尊重惯例，在叙述上亦兼顾到了战国末期的历史。

最后，本书编者希望读者们在回味历史的过程中，能够得到一种心灵的愉悦与某些启迪。了解历史，秉承我国文化传统，在新的时代中，扬帆破浪，继往开来。

图书在版编目（CIP）数据

周朝其实很有趣儿 / 江月编著.—北京：中国纺织出版社，2011.9（2021.6重印）

（中国历史轻松阅读系列）

ISBN 978-7-5064-7570-9

Ⅰ.①周… Ⅱ.①江… Ⅲ.①中国历史-周代-通俗读物 Ⅳ.①K224.09

中国版本图书馆CIP数据核字（2011）第109066号

策划编辑：李秀英 向连英　责任编辑：于磊岚　责任印制：陈 涛

中国纺织出版社出版发行

地址：北京市东直门南大街6号　邮政编码：100027

邮购电话：010-64168110　传真：010-64168231

http://www.c-textilep.com

E-mail:faxing@c-textilep.com

河北鹏润印刷有限公司印刷　各地新华书店经销

2011年9月第1版　2021年6月第2次印刷

开本：710×1000　1/16　印张：15.75

字数：178千字　定价：49.80元

前 言

历史是昨天的云，随吹荡在时空中的长风逝去，永远不可能旋回。我们站在时空中的一点，站在今天，回眸昨天，回视随长风吹去的“云”，遥远而空旷，神秘而飘渺——在天地之间，只留下昏黄且苍茫的余晖……

历史是先人们曾经走过的路，曾经做过的事，是记载在竹简、纸张上的文字，是无法再现的过去。阅读一个民族的历史，就是了解一个民族的过去，就是在继承一个民族的文化。通过品味那些沉淀的苦涩与酸甜，参阅那些王侯将相的是非功过、贤哲圣人的智慧结晶、平民布衣的喜怒哀乐、奇人异士的趣闻野史以及国家的兴亡、朝代的更替，可以在休闲中靠近昨天，靠近先人，靠近那些承上启下的文化。

本书名为《周朝其实很有趣儿》，那么其内容的主体自然是从公元前 1046 年到公元前 256 年这一段历史。西周是封建社会形成与奴隶社会解体的时期，而东周则是封建社会的初期，是一个大变革时代。东周又分为春秋与战国时期两个阶段，前者的主要时

代特征是“争霸”，后者的主要时代特征是秦对六国的“兼并”与“统一”。在传统意义上，战国时期从公元前 403 年“三家分晋”开始到公元前 221 年秦始皇统一六国结束，终结时间要略迟于周朝灭亡。为了能让读者对这一段历史有一个整体印象，本书尊重惯例，在叙述上亦兼顾到战国末期的历史。

目 录

第一章
始建大周

一、商之无道与周之有道

在周国逐渐兴起的时候，商王朝的统治却更加昏庸无道。当年盘庚迁殷使商朝中兴，可想不到武丁以后，商朝的贵族们在生活上更加堕落、腐化，至纣王时达到了无以复加的程度。在生活上，以纣王为核心的统治阶层除了追求靡靡之音、淫歌艳舞、打猎游玩外，极少关心百姓的生活状态，致使耕地荒废，成了麋鹿禽鸟的乐园。而对于那些反对者，商朝的统治者则施以酷刑；对于小民百姓，他们则将财物榨干。在这种昏聩的统治下，奴隶和下层百姓纷纷起来反抗，在《微子篇》中就有“小民方兴，相为敌仇”的记载。商王朝到了崩溃的边缘。

西周·利簋

周国的情况则与商朝恰恰相反。自季历被商王文丁杀死，姬昌执政以后，周人更加团结一心。但商朝毕竟是一个大国，地括中原，东到大海，北到河北藁城，南到湖北盘龙城，地大人众。面对庞大的商王朝，周国不过是迁移到泾渭流域、岐山脚下一狭窄谷地中的小小方国。尽管渭水河谷土地丰沃，

宜于农耕，且地理位置优越，南接褒斜，可以通江汉巴蜀，而巴蜀更是四面环山，易守难攻，是形胜之地。在姬昌统治初期，要周人以有限的资源和人力去与雄卧中原地区的商王朝抗衡，显然是不明智之举。

商朝残暴，失去人心。而周在姬昌继位后则施行仁政，推行宗法土地分封制度。他禁止饮酒打猎，施行裕民政治。所谓裕民，就是指征收租税要有节制，要让农家有些积蓄，能够过上安定的生活，不为衣食担忧。在《康诰篇》中有“惟文王之敬忌，乃裕民”的说法。姬昌又针对殷纣招诱奴隶，被其他小国所怨恨的情况，制定出一条“有亡荒阅”的法律，用今天的话说就是“奴隶逃亡大搜索”，具体内容是说：逃亡的奴隶不许藏匿，被搜捕到后，是谁的奴隶归谁所有。这一条法律的出台充分维护了各中小奴隶主的利益，得到了很多小国的赞同。春秋时楚国的申无宇认为，周文王之所以能够取得天下，制定了“奴隶所有权法”是重要原因之一。姬昌的这些举措深得人心，《诏诰》中说“殷民带着妻儿想逃出国境，被纣禁止”，可见在姬昌的感召下，商朝同其他小国的普通百姓以及这些国家中的失意贵族，不少都逃入了周国。由此，姬昌继承了周族前代君主的遗志，将周国的势力继续扩大。

周是一个依靠农业发展而逐渐强大起来的邦国，因此对农业的重视可想而知。姬昌在实行仁政的同时也不敢忽视农业生产，在《书经》中就有“文王卑服，即康功、田功”的记录。《尚书·无逸篇》中周公训诫成王时也曾说过类似的话。另外，通过上面提到的宗法土地分封制度，我们可以知道，在姬昌统治时期，封建制度就已经出现，不过还只是一些原始的制度，并不成熟。而正是这种不成熟的封建土地所有制，为后来周朝井田制的发展打下了基础。

姬昌治周五十年。在这五十年里，姬昌发展了周国的势力，继续以商王朝西伯方国的身份存在，当周族的力量强大到足以使商人担忧的时候，姬昌干脆“受天命”称王，号为文，这就是文王姬昌的来历。

二、周之强盛与文王之治

文王既然要率领周人灭商，那么在武王伐纣前，周国的实力到底有多强呢？前边已经说过，由于商朝内部社会动荡，在武王之前，周人的政权组织形式和农业生产要优于商朝。由于周人地区社会较为安定，商品贸易方面也要比商朝繁荣。尽管在整体实力上，比起商王朝的地大物博，生活在岐山地区的周人显得望尘莫及，可周人却能够集中优势力量，给予商人有效的打击，逐步蚕食商朝。下面我们就对商周之间的军事力量进行一下对比。

周人是否拥有比商人更为强大的军事力量呢？如果从人数上来看，商王朝地括中原，人口众多，并征服了山东半岛和湖北各地的藩邦，恐怕不是蕞尔小国的周族可以比拟的。那么在武器方面，周人的装备是否要强于商人呢？

首先看战车。由于商朝先祖驯化了马和牛这些大型动物，依靠马匹作为动力的战车也就随之产生。周人承继商人，也学会了驾车技能。商人的战车是由两匹马或四匹马拖拉一辆直辕双轮的车辆组合而成。在车上站有三名战士，一人执弓，一人用戈矛一类的长柄武器，另外一人则负责驾车。作战时，车上三人相互配合，远用弓射，接近时用戈矛等长柄武器刺击，再近就要使用短兵进行近身搏斗。为防止战车直接受到冲击，战斗中每辆战车跟前都配属若干名随车的步卒。根据在河南安阳小屯村殷商遗址中宗庙前人祭坑的安排来看，在战场上，步卒每十人为一组构成方阵，

站在队伍的最前面，车队及其所属步卒随后，战车以五辆为一组，队形大约是以左、右、中三队为列队的方式。通过这种排列，我们可以看出在古代战争中，步卒的作用要远远高于战车。在战场上，战车究竟能发挥多大作用，学者们颇有疑问。有人提出，在快速奔驰的战车上射士发射，可以发挥十足的威力。也有人提出了反对意见，认为战车硬轮在崎岖不平的路面上行驶，必致颠簸不堪，自然会影响射士命中的准确性；战车前又有马及车辕等阻碍，执戈战士对刺的可能性也很小，只有在两车错毂交驰时，才可以进行短促的互击。因此，提出反对意见的人认为，战车的功能大约只是将战士迅速运送到战场，指挥官站在车上可以取得较好的视野，方便以旗帜与金鼓指挥军队进退，战场上的主力也许仍是那些随车的甲士与步卒。周国是向商人学来的驾车技能，比起商人的战车，周车稍微宽些，辕略长些，但差别很小。所以无论战车在战场上能否真正发挥作用，商周两国在这一方面的能力应该不分伯仲。

下面我们再来看周人的兵器与铠甲。通过对商周两地出土文物的研究，可以证明，在士兵贴身的武装配备上，周人的装备要比商人更能有效地发挥作用。周人士兵使用的兵器有戈、矛、戟、剑及弓矢。商人的标准配备是弓、矢、戈（或矛）、盾及短兵。与商人的武器装备比，周人则配

周文王演易坊

备有较为复杂的戟，这是一种将戈与矛联装而成的武器。虽然在商人的墓葬中也发现有戈矛联装成的兵器，周人的戟未必是一种新型武器，但商人对这类武器的使用并没有像周人那么普遍。周人真正的优越性表现在剑的使用上。剑是商人所不曾使用的，作为一种短兵器，可刺可削，无论是在车战、马战还是下车搏斗及近身战中，剑的威力要高于斧钺和手戈等短兵器。目前中国发现最早的铜剑是在山西保德林遮峪出土的铃首剑，其年代相当于商代后期。铜剑在西周早期已普遍出现，陕西长安张家坡、岐山贺家村、甘肃灵台白草坡、北京琉璃河，各处西周早期墓中都发现了一种柳叶状、无柄的铜剑。周人用剑可能和受到草原游牧文化的影响有关。游牧民族在马战中接近敌人时，用剑砍杀十分方便。周人先与戎狄杂居，后又与西北地区少数民族时常发生战争，吸收他们的先进武器也是可能的。剑不一定是由周人发明，却是由周人将其发扬，以至于成为后来在冷兵器时代战场上不可缺少的兵器。

周人的甲胄在作战时，活动起来也要比商人士兵穿着的甲胄更为灵活。商人的甲胄是用整片皮甲制成的，可以防护前面，但裹甲的战士却不能自由活动。而周人的甲胄则不同。在山东胶县西庵出土的西周青铜甲由胸甲、肩甲和背甲三片组成，在各甲片的边缘都有小穿孔，可以通过这些穿孔，将铜甲用钉缀在皮革或其他质料的甲衣上。这种将甲胄分开制作穿着的方法，可以使士兵的各部分关节能够较为灵活地活动，这就使得甲胄在增加防护力的同时，也提高了士兵的战斗能力。在战斗中，周人自然会占有一定的优势。

在武器方面的优越性，使周人变得强大，但要灭商，周人只凭借这种优势是远远不够的。必须在战略上实行正确的方法才能够逐步瓦解商朝的统治，最后将如同苍天巨树一般的商王朝连根拔起。周人从古公亶父时期开始“剪商”，季历又以维护商朝北边的名义不断开疆拓土，文王姬昌又用了五十年的时间逐步消减商朝的羽翼，在武王当政后，灭商之势终于不可逆转。

三、周武雄风之辅臣姜尚

乱世出能臣，这是古今不变的通理。周人经过三代君主的苦心经营，“剪商”大计万事俱备，所需要的就是能够运筹帷幄、掌控全局的智者。同夏亡商立时期一样，成汤有伊尹，西周文武两代君主得到了能臣姜尚的辅佐。

姜尚，名望，字子牙，姓吕，属东方夷族。武王灭商后被分封到齐国，成为齐国的始祖，是中国历史上享有盛名的政治家、军事家和谋略家。说到这里，可能有人会问，为什么姜尚不姓姜却姓吕，而且人们还经常称他为吕尚呢？这一点今天的人可能会不大明白，但春秋以前这是极为正常的事情。因为中国人的姓和氏原本是分开的，姓是母系氏族时期的产物，所以“姓”即“女生”。在原始氏族公社早期，人们知母而不知父，商人的祖先契和周人的祖先弃，都是在神话传说的遮掩下莫名其妙地降生的，究其原因就在这里。到了父系社会，氏族观念开始产生。姓是同祖的血缘集团，由远古图腾制度演变而成；氏则是政治性的单位，也是姓的分族。如契被舜封到商，赐姓子氏，所以商族人就是子姓。姜尚的祖先也曾经辅助大禹治理过洪水，后来舜将姜氏族人有的封到了吕，有的封到了申(两地都在今河南南阳附近)，姜尚的祖先也就以吕为姓了。春秋以后宗法制度被逐渐打破，姓氏慢慢合二为一，到最后就演变成只有家姓，没有族氏了。

夏亡以后，申吕两姓子孙繁衍分化，有的变成了庶人（普通百姓）。

在商朝末年，姜尚家道中落，生活十分贫穷。为维持生计，年轻时姜尚曾在商都朝歌靠宰牛卖肉糊口，后来有了一些资本，他又辗转到达孟津做起了卖酒生意。但姜尚并不是一个只图安逸生活的人，他胸怀大志，勤习苦读，始终都在研究治国兴邦的方法，期望有朝一日能够为国效力，大展宏图。可上天似乎在有意考验这位有志之人。传说姜尚在商王朝做过小官，一直都不被重用，由于直言诤谏还差点丢掉了性命。后来他从朝歌逃了出来，在海滨过起了隐居生活，据说他在这段时间里曾四处游说诸侯，希望得以重用，但都无功而返。光阴荏苒，不知不觉中岁月染白了他的须发，都已经七十多岁了，姜尚仍旧一事无成。

就在这个时候，周文王姬昌为了完成他的"剪商"大计，倡行仁政，发展经济，广招天下人才，正是思贤若渴。姜尚听说周国国势日强，文王正在寻找英才，有澄清寰宇的志向，便离开商朝，来到陕西岐山脚下，渭水河边的磻溪，一边继续过着他的隐居生活，一边等待时机观察文王的为人。

姜尚在磻溪，每天都到河边垂钓。他钓鱼很有特点，不用鱼钩、鱼饵，渔竿握在手中，渔线上系着个直针，直直地垂在河面上。行人经过这里，看到这位奇怪的老人，有的觉得好笑，就问姜尚："老先生，没有鱼钩怎么能钓到鱼啊?"

姜尚听了，捋着苍白的胡须笑着说："只要鱼儿愿意，即使没有鱼钩，它也会被钓上来啊。"人们听了，都觉得这是个老糊涂，便嬉笑着离开了。又有谁能想到，就在姜尚邻近八十岁的时候，一条"大鱼"真的被钓到了。

一天，姜尚仍然如往日一样，在磻溪河畔垂钓。这时一位穿戴铠甲的猎手为追逐猎物驾车来到了姜尚身旁。他看到眼前这位老人钓鱼的方法没有笑。他从马车上下来，走到老人身旁坐下，恭敬地打过招呼，像话家常似的，两人闲聊起来。渐渐地猎手被老人的谈吐吸引了，他钦佩老人的知识与眼光，被老人的气度与远见所折服。两人谈着谈着，猎手将话锋一转，向老人请教起治国兴邦的良策。老人也没有回避，他笑着说："治国兴邦，必须以贤为本，一要能举贤，二要能任贤，三要能敬贤。"

猎手听后喜出望外，高兴地说道："我的先祖太公（古公亶父）就曾预言：'当有圣人来到周国的时候，周国才会兴盛。'您就是那位圣人吧？我的先祖太公盼望先生已经很久了！"这个猎手便是西伯侯姬昌，而姜尚由于周文王的这番话，也有了一个后人皆知的尊称——"太公望"（即太公所盼望的人），也称姜太公。二人的这次不期而遇使历史的进程发生了改变。文王姬昌以尊贤的礼仪，亲自把姜尚扶上车辇，一起回周宫，拜姜尚为太师。从此这位困顿于天地间的旷世奇才终于有了用武之地。

姜太公像

在姜尚的辅佐下，文王对周国的国策进行了一系列改革。他向文王提出了"修德以倾商政"的策略。上文所说的禁酒止猎、裕民政策和"搜索逃亡奴隶，归还本家"等措施，都是由姜尚制定并实施的。这一系列德政的出台，使得周国在各诸侯国中的地位迅速提升。不久虞、芮两国的君主为争夺田地发生了纠纷，在双方僵持不下的情况下，竟然想到周国。两国国君认为周文王是"仁人"，一定能够做到公平决断，于是就跑到周国来请求姬昌出面解决。事情很快就传开了，天下诸侯听说后，更加确信周文王是"受命之君"，于是有四十多个诸侯国先后归顺了周国。

为了发展势力，姜尚帮助文王向周边进行扩张，伐犬戎、密须，击败黎国、邘国和崇侯虎，并且还出兵远征，对蜀和巢作战。姜尚促使文王实施的这些对外战争并不是只图土地的扩张。对犬戎、密须的战争解除了

周人灭商的后顾之忧；对黎国、邘国和崇侯虎的战争则剪除了商王朝的羽翼；远征蜀和巢，既增强了周国的实力，又起到了对商王朝迂回包抄的作用。通过重用姜尚，到周文王晚年时，“天下三分，其二归周”，形成了包围商王朝的形势。

文王逝世后，武王继位。周武王尊姜尚为“师尚父”，即“师之，尚之，父之”的意思。武王刚继位时急需树立威信，稳定周国内部的政治。一天武王问姜尚：“我想要减轻刑罚提高威严，少进行奖赏却要使更多的人得到好处，将政令简化但要让百姓接受得更容易，那么用什么方法可以做到呢?”

姜尚回答说：“如果杀一人能让千人惧怕，杀两人能让万人惧怕，杀三人能震慑三军，那么就杀；如果赏一人能让千人欢喜，赏两人能让万人欢喜，赏三人能让三军欢腾，那么就要奖赏。如果命令一人就能带动千人，那么就要对这个人下命令；如果禁止两个人的行动就能让上万人停止前进，那么就要禁止这两个人的行为；如果教导三个人就能正三军将士，那么就教导这三个人。杀一惩万，赏一劝众，这就能确立并得到明智君主的威望与幸福。”武王听从了姜尚的建议，时时慎于行赏，力求令行禁止，周国的政治果然变得更加清明。

四、周武雄风之牧野之战

周人迁都岐山后，经过古公亶父、季历和文王三代君臣的努力，终于取得了天下三分有其二的局势。武王即位，积极进行灭商的准备工作。他任命姜尚为师，负责军事建设，命自己的弟弟周公旦为辅，佐助日常政务，又任命了召公、毕公等人作为助手，共同筹划伐纣灭商的方略。

为了探察诸侯的意向，看他们是否会聚集在周的周围共同东讨商王朝，武王举行了一次大规模的阅兵演练。周军在姜尚的统率下，浩浩荡荡地开到了孟津，并在此渡过了黄河。各诸侯国听说武王向商朝进军的消息后，不期而到的诸侯有八百多个。他们纷纷劝说武王伐纣，但是武王和姜尚觉得伐纣的时机还不成熟，商王朝的统治虽已陷入内外交困、岌岌可危的境地，可内部还没达到土崩瓦解的状态，如果贸然兴师伐纣，即便会胜利，也必然会遭到顽强抵抗，于是便以天命为由退兵还朝了。但在退兵前，武王姬发发表了讨伐纣王的檄文，这便是历史上有名的“孟津之誓”。这次出兵，武王虽然没有灭商，却显示了周人代天而立的声威，在诸侯国间产生了强烈影响，使更多诸侯听命于武王，为将发生在不久以后的灭商战斗打下了基础。

“孟津之誓”后，在姜尚、周公等人的辅助下，武王又经过了两年的精心准备，周人的势力进一步壮大。这一时期，商王朝内部则发生了诸多变故。殷商良臣比干被纣王杀死挖心，箕子被囚为奴，微子惧祸出逃，太师疵、少师强则投降周武王。武王问姜尚：“殷大臣或死或逃，是否可以

讨伐纣王了?”

姜尚答道:“上天给予你,你不去取得,反过来,自己就会受到惩罚;时机成熟了,你却不采取行动,失去机会以后,自己就要遭殃了。”

就在这个时候,周国遭遇饥荒,为取得口粮,周地百姓多愿意出去作战,于是武王决定灭商。据说,在出兵前,周人先派间谍到商察看国情。探子回来后说:“商王朝内坏人执政当权,昏乱极了。”武王听了没有表态。探子又来报告说:“善良的人全被斥逐。”武王听了仍在考虑。直到探子报告:“百姓闭口不敢说话了。”这时武王才作出伐商的决断,向天下诸侯发布了讨纣命令。

武王姬发带着文王的木主,用姜尚为主帅,统领兵车三百乘,虎贲三千名,甲士四万五千人,以“吊民伐罪”为号召,联合各国诸侯,以摧枯拉朽之势率军向朝歌挺进,开始了灭商之战。在出兵前,占卜是必须经过的程序。占卜的结果却很不吉利。周军行到汜水牛头山时,突然间风雷大作,战旗被狂风吹折,这在极其迷信的商周时期可是绝对的凶兆。大臣们看到后都非常恐惧,有的人甚至请求还师。在进退两难的关键时刻,姜尚发挥了重要作用。姜尚对众人说那些占卜用的龟甲和蓍草根本就不懂什么吉凶,武王听从了他的意见,亲自击鼓助威,率众将士抢先渡过黄河,将这场风波化解于无形之中。

公元前1046年二月甲子这一天,红日自地平线的尽头升起,武王的将士汇集自西南地区及江汉流域远道赶来的庸、蜀、羌、髳、微、卢、彭、濮等少数民族的部队,在商都朝歌郊外的牧野,与纣王临时拼凑起来的七十万大军相遇,战争一触即发。

战前,武王在牧野向所有官兵发表了慷慨演说,即“牧誓”。他指出纣王听信妇言,不祭祀祖宗,不信任亲族,滥杀无辜,召集四方罪人和逃奴等诸多罪状,说明伐纣的举措是在代天行罚,同时宣布了战法和纪律,要求战士们在作战时要勇猛果敢,不可后退。“牧誓”引起了各国诸侯、上下官兵对商纣的共愤,激发了联军的斗志。随即武王将全军的指挥权交给了姜尚。两军对峙,姜尚首先率领百名精锐勇士,即“致师”向商军发起了挑战。跟着指挥兵车三百、虎贲三千,从正面展开突击,一举打乱了

商军的阵势。而后姜尚指挥四万五千名甲士与其他诸侯的联军与商军展开了猛烈的搏杀。战斗最初，由于商军在人数上占优，进行得异常激烈。就在战斗进入到胶着状态时，历史上有名的“牧野倒戈”发生了。被纣王征集来做垂死挣扎的七十万官兵本来对纣王就怀有恨意，交战中眼见着自己的同伴在血泊中一个个倒下，对暴君的仇恨迅速上升到了无法遏制的程度，终于摒弃了家国观念，倒向了周人。商军士兵掉转矛头，前军指向后军，后军冲向商都，为周人开道。牧野之战仅仅用了一天时间，经历六百年风雨的商王朝就被彻底击败了。

纣王眼见大势已去，弃阵逃回朝歌，牵着妲己的手登上鹿台，点燃熊熊烈火，焚毁了自己，焚毁了上万人的心血，焚毁了一个王朝……传说，大火烧了三天三夜。

武王率大军顺利开进朝歌后，将纣王储存的钱粮散发给了穷苦百姓，为商朝忠臣比干的墓添加了封土，释放了被囚禁的箕子，从而深得商王朝百姓遗民的拥戴。牧野之战后的第二天，武王还下令修复朝歌城中被破坏的道路，将社坛修缮一新。随后武王在朝歌举行了受天命代商的祭天大典，正式宣告天下——周王朝已经建立。历史上把自武王灭商到犬戎攻破镐京的这一段历史时期称为“西周”。

西周建立以后，武王将全国的政治中心迁到岐山脚下的周原，在镐京

牧野之战

定都。为有效地统治幅员辽阔的疆土，武王采取了“封建亲戚，以藩屏周”的政策。除了分封周氏子孙和伐商功臣外，纣王的儿子武庚也被封为诸侯。为防止武庚作乱，武王将朝歌附近的商地分为三部，命自己的兄弟管叔、蔡叔、霍叔各踞一部，对武庚进行监视，称为“三监”。位居开国功臣之首的姜尚在武王逝世后被周公封为齐侯，以营丘为都（今山东临淄县）。《史记》中记载，姜尚赴齐国就任时并不是很痛快。因为当时的山东地区是东夷各族的居住地，属于边境地带，还很不开化。周公封姜尚到这里可能有两个原因：一来可以将他从中央排除，使政权集中到周氏子孙手中；二来也可以让这位八十多岁的老人在那里继续施展他的才能，为周人扩张势力。姜尚当然明白周公的用意，所以心里不痛快，走得很缓慢。这天，他住在一家客栈里。店里的人认识姜尚，对他说：“我听说时机是难得而易失的。您睡得这么安稳，大概不想去齐国赴任吧！”姜尚听后，马上起床，连夜登程，到黎明时分，就到达了营丘。正赶上莱国夷人（东夷人的一支）趁周商更替，想要浑水摸鱼，攻打营丘。姜尚很快就组织起了防御，将莱人及时击退了。可是一个酒馆里的普通人又怎么会看出位高权重的姜尚的心思呢？看来周公对姜尚真的不是很放心啊！

五、周公辅政成周室王道

武王灭商后，仅过两年就因病去世了，这时候被拥立起的成王姬诵还只是个十三岁的孩子。西周初立，统治基础十分薄弱，一代英主就撒手逝去，那些对王朝存有觊觎之心的殷商遗民，以及割据各方的邦国势力开始蠢蠢欲动。在这危机四伏的多事之秋，武王的弟弟周公姬旦挺身而出，毅然决然地承负起了稳定社稷、巩固新王朝的重任。

《荀子·儒效》中说："武王崩，成王幼，周公屏成王而及武王，以属天下，恶天下之倍周也。履天子之籍，听天下之断。"这就是说，在成王还不明是非的幼年时期，周公姬旦为安定天下，防止奸佞贼臣窥伺九鼎，便将周王室的所有权力都直接集中到了自己手中，代替天子号令天下。

周公的做法马上就引来了非议。被武王封到原商地的弟弟管叔和武王的其他一些大臣都互相议论说："看来周公姬旦要对成王不利了！"

这些话可说是"一石击起千层浪"，流言很快就产生了连锁反应，一时间刚刚统一九州的周王朝上下人心惶惶。对于世人的非议，周公早就预料到了。他明白要想平息这场风波就一定要取得朝中重臣的支持。于是周公将姜尚和召公找了去，语重心长地说："我知道，现在有很多人都在说我的不是，这些我都已经想到了，但我无法回避天下人的指责。决定摄政，这是因为我怕人心再次分裂，背叛我大周，到那个时候我还有什么脸面去见太王，去见王季历，去见我的父亲文王！他们三代帝王忧劳天下，历时百年，到今天才一统山河，使万众归心，使百姓能够安居乐业。

可没想到武王去得太早了，留下了幼小的成王，这是上天对大周的考验啊！我要继承先王的遗志，我要成就大周，这就是我代天子摄政的原因。”周公的话感动了姜尚和召公，得到两人的支持后，流言虽仍然不断，但局势多少得到了缓和。

周公一面处理政事，一面还要教导幼小的成王。《礼记》中说：“成王有过，则挞伯禽。”伯禽是什么人呢？他是周公的儿子，鲁国的始祖。成王小的时候，周公让自己的儿子陪成王一起读书。小孩子嘛，当然是会做错事的。可成王是天子，总不能责罚天子啊！结果小伯禽的屁股就遭罪了，天子犯错，伴读受罚，周公虽然是在劝导成王，打的却毕竟是自己的骨肉，用心良苦，可见一斑。

周公测景图

周公秉政一年后，唐国发生叛乱，周公带兵顺利地平息了叛乱，消息传回镐京时，成王正在与弟弟叔虞一起游戏，听到消息后非常高兴。也是孩子贪玩时的心境，成王顺手从地上拾起了一片梧桐叶，剪成令符的形状，然后挺直小腰板儿，满神气地对叔虞说：“现在我就以天子的名义封你去做唐国的诸侯。”史官在旁听见后，马上记录了下来，即请成王选吉日立叔虞为唐侯。成王听了很不高兴，不以为然地对史官说：“这不过是我和叔虞开玩笑！”周公回朝后，史官把这件事情和他说了。周公马上找到成王对他说：“君无戏言，说了就应该命史官记录它，典礼成全它，音乐歌颂它才是啊！”成王听了点了点头，下令把叔虞封到唐国去做诸侯了。史书上称此事为“桐叶封地”。通过一次玩笑似的封侯，成王第一次真正感受到了天子的威严。

周公的封地是鲁国。周公秉政后为处理政务一直滞留在镐京。等儿子

伯禽长大后，他就让伯禽代他到鲁国去赴任。伯禽临走时问周公还有什么嘱咐。周公说："我作为文王的儿子，武王的弟弟，当今天子的叔叔，你看我现在的地位怎么样?"

伯禽回答说："父亲的地位已经很高了。"

周公听后语重心长地说："不错，我的地位确实已到了巅峰，可就是这样，当我洗头的时候，如果有人向我禀告政务，我也要立即停止洗发，把头发握在手里去处理朝政；吃饭的时候，如果有人求见，我也要把来不及咽下的饭菜吐出来，去接见那些求见我的人。即使如此勤政，我仍然担心被天下贤人背弃。你到了鲁国，身份上不过是一方诸侯，可千万不要骄纵啊!"伯禽听从了父亲的教导，去鲁国赴任了。周公的话，在《史记》的原文是"一沐三捉发，一饭三吐哺，起以待士，犹恐失天下之贤人"，这也是曹操《短歌行》中"周公吐哺，天下归心"的由来。

尽管周公勤于理政，在纣王的儿子殷侯武庚的挑唆下，被武王分封到朝歌附近的管叔和蔡叔两人还是发动了反叛。武庚策划的这次反叛规模很大，他不但策反了"三监"，还联合了东方诸侯，包括淮夷、徐、奄及蒲姑等国。一时间新兴的西周王朝内忧外患并起，处在风雨飘摇之中。对这次旨在颠覆新政权的叛乱，周公给予坚决回击。他以成王的名义率军东伐，首先讨灭了参与叛乱的"三监"，杀死了管叔，流放了蔡叔，对霍叔也予以贬黜。周公又率大军讨伐武庚，武庚战败，死在了逃亡的路上。战后，周公将康叔封卫，为保存殷商的祭祀，将微子封宋，于是有了春秋初年的卫宋两国。平定"三监"叛乱后，周公没有被胜

周公像

周公测景台

利冲昏头脑，他敏锐地感觉到，没有经过战争征服的广大东部地区才是周朝最大的隐患，在那里殷商残余势力仍十分顽固。周公下令乘胜挥师东进，经过三年苦战，灭数十个东方小国，终于彻底击败了参与叛乱的殷商残余力量。周公的这次东征，是周人继牧野之战后的第二次重大胜利，经此一役，西周王朝在全国的统治才得到了完整实现，新兴政权也得到了彻底巩固。

在周公东征时，一大批反叛周朝的殷商贵族被俘。周人称他们为“顽民”。为预防“顽民”再次作乱，周公将他们从东方向西迁移。同时为方便控制东部地区，周公又在东方新建了一座都城，即洛邑（今河南洛阳市），将“顽民”都安置到了那里，并派兵进行监视。从此周朝就有了西东两座都城，西部的镐京称为宗周，东部的洛邑则被称为成周。

七年的时间很快过去了，成王已经二十岁，到了能够独立理政的年龄，周公便将王权归还给了成王。周公秉政时，西周处于四面楚歌的境地，还政成王时则是典章制度健全的稳固江山。然而成王临朝后，听信了一些朝臣对周公的谗言，认为周公确实存在野心。周公听说后被迫逃亡到了楚地。不久成王翻阅库府中收藏的文书时，发现了在自己生病时周公为他所做的祷辞，上面写着：“我王年少还不懂事，索命的鬼差们，请来找我姬旦吧。”成王读后，被周公的忠心与品质深深感动，不觉流下了眼泪，立即派人将周公迎回了镐京。

周公回朝后继续为周室奔忙。他担心自己死后成王会变得骄奢淫逸，便写下了《多士》和《毋逸》两篇文章。其中在《毋逸》中有这样的话：“为人父母，为业至长久，子孙骄奢忘之，以亡其家，为人子可不慎

乎！”周公为周室操劳一生，辅佐武王、成王两代君主，为周王朝的建立和巩固鞠躬尽瘁。直到周公临终时，他仍念念不忘周王朝的安危，要求将自己葬在成周，意在永不离开成王。成王没有满足周公的遗愿，在他眼中，周公像父亲，是像他祖父文王一样可敬的人。为表示对周公的崇敬，成王将周公安葬在了毕邑，文王的身边。

点　评

古往今来，成由勤俭败由奢。看周人从兴起到取代商，再到立国稳定社稷的过程，不正是遵循着这样简单且朴素的道理吗？凡事说起来容易，做起来难。在生活困顿时，要不就堕落，要不就发愤图强，有志向的人往往选择后者。可一旦功成名就，又会有多少人变得醉生梦死，沉迷在灯红酒绿之中。这就像是一个饱受饥寒的人，突然看到一只烧鸡，便抑制不住自己的欲望，丑态尽出时的情境一样。当然吃相狼狈并不可悲，吃得痛快也是一种真情流露。可悲的是在什么样的前提下去吃，是否会吃得有尊严。当一个国家的君主或一个普通人忘记了自己的尊严时，他也就不再顾忌任何人的眼光，开始沉沦了。人们说“善恶在一念之间”，其实，成败也往往在一念之间。当一个人能够约束住自己的言行，保持住自己的尊严时，他也就能够保持住勤俭持家的准则，反之则会颓废。纣王因奢靡而丧国，周三代君主因勤俭而兴邦，归根结底还是要看他们为人的态度。

相关链接

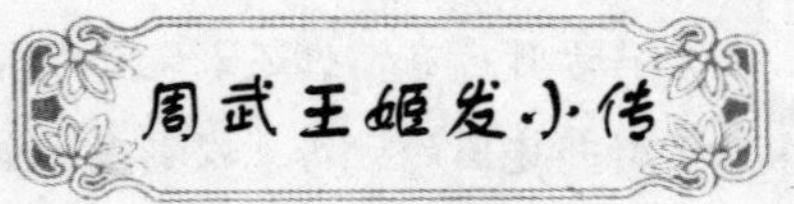

周武王姬发是文王的次子，西周第一代王。他继承了西周三代先王的遗志，于公元前 11 世纪灭亡了商王朝，夺取了全国政权，建立了西周王

朝，他是历史上一位具有卓越军事才能和政治才能的明君。

周国本是商王朝西陲的一个属国。武王的父亲文王在位50年，进行了诸多革新，使周国的国力迅速提升。到文王逝世时天下三分，周已得其二，为武王灭商奠定了基础。武王继位后，继续以姜尚为师，并用弟弟周公姬旦为辅，召公、毕公、康叔、丹季等良臣均得到重用。周国人才云集，实力进一步增强，并采取了孤立商王朝的策略。

武王即位九年后，为便于进攻商都朝歌，将都城由丰迁至镐，同时举行了历史上有名的“孟津观兵”。通过这次观兵，武王使人心向周，商王朝则变成了孤立无援的形势。又过了两年，武王探知商纣王朝更加昏庸腐朽。比干被杀，箕子被囚，微子出逃，太师疵、少师强则归附了周国；百姓皆侧目而视，缄口不言。于是武王同姜尚经过研究，认为灭商条件已完全成熟，便遵照文王“时至而勿疑”的遗嘱，果断决定，通告各诸侯国，发兵伐商，向朝歌进军。公元前1046年二月甲子这一天，武王经牧野一战彻底击败了商军，纣王见大势已去，登上鹿台，自焚身死。商朝由此灭亡。

灭商后，武王建都于镐。为了收服人心，巩固新王朝政权，武王采取了一系列政治措施。他采取了“以殷治殷，分而治之”的办法。武王灭商后就下令释放了被纣王囚禁的百姓和贤臣箕子，修整了商朝贤臣比干的坟墓，将供纣王淫乐奢侈的财物、粮食，分发给了饥民和贫弱的百姓，由此得到了殷商遗民的爱戴。此外武王为安抚殷商遗民，还封纣王之子武庚为殷侯，继续治理殷民。但为了防止武庚作乱，他又将殷商王畿分为卫、鄘、邶三个小国，封自己的三个弟弟管叔、蔡叔和霍叔分别治理，负责监视武庚，号称“三监”。

在国政上，武王吸取了商朝灭亡的教训，他专门把箕子接到镐京，向箕子虚心请教安邦治国之方略。根据箕子讲述的道理，武王又同姜太公、姬旦等重臣商议后，决定将古时已有，但还未完全形成的宗法制度进一步完善和确定下来，采取了封邦建国的方略，以实现对全国的统治。武王的这一方略在当时是进步的，确有统天下于一尊的意义，起到了巩固和加强新兴王朝的作用。可惜武王只将西周的国策规划出一个大致的雏形，在两年后就染病去世了，将众多棘手的问题留给了他的弟弟周公与后继的成王。

第二章
华夏雏形

一、多姓族的周朝

古往今来，中华民族的形成过程，就是在华夏大地上繁衍生息的各民族相互接触、相互融合的过程。中国历来是一个姓氏众多的国家，周人以少数人群入主中原，统治范围曾包括今黄河、长江流域和东北、华北的大部地区。为有效地控制四方领土，周人以姓、氏、宗、族建礼法制度，分封诸侯，经几代征伐，百年磨合，终于将不同姓氏的宗族凝聚在了一起，为后世大汉民族的产生打下了牢固的基石。

早在商代，商人为有效地控制中原地区，一方面以法律与王权集中掌握资源，另一方面通过婚姻等方法，与各地诸侯国和藩邦建立起了庞大的姓氏宗族关系；使姓氏宗族、法律与王权相辅相成，成为商王朝统治四方的有效手段。当时，姓氏宗族的含义与今天不同，各自具有相应的含义。姓是指同祖的血缘集团，氏则是政治性的单位，同时也是姓的分族，宗是宗法制度下，按祖先祭祀的礼仪特权分级的序列，而族是指在同一旗号下的军事战斗单位。在商王朝的王畿以外，是与商王朝保持隶属、友好或敌对关系的各姓方国。这些方国在卜辞中称为多方，有三十多个，如周方、羌方、鬼方、土方、召方、盂方、人方等。他们都有不同的姓氏，周为姬姓、羌为姜姓、鬼为隗姓、召为子姓（也可能是姬姓）、人为风姓……由此可见商的政治势力，仍以“姓”为国家的基础，其中再分出若干氏或族。

在立国前周国的地位只是商的附属，其国家基础也是以“姓”为纽

带。牧野克商后，周人为维护其统治，先对商王朝过去的方国进行了一番征伐，以扫除各方国对新兴西周政权的威胁。《逸周书·世俘解》是西周时期人留下的记录，其中说武王在牧野之战后的第六天，就命召伯等西周将领率军对商王朝周边各方国进行了剿伐。到牧野战后的第四十二天，各将领先后凯旋，献上了战俘，俘虏竟然多达几十万，这在当时可不是一个小数目啊！

周王朝建立后，周人进一步吸收继承了商王朝文化，发展了商人的姓氏宗族制度。这就促使在西周时期，姬姓周人与子姓殷人的交融在各姓部族中首当其冲。

西周·何樽

西周立国，周人为了能控制殷商遗民，容忍了商王室的残余势力继续存在。如前文提到的武庚授封和后来周公封微子于宋等史实，都是在周商两姓相互融合这一社会背景下出现的。武庚策反“三监”叛乱与周公的东伐则是在大融合背景下姬姓与子姓两姓宗室矛盾的突出表现。西周铜器铭文中铸刻着颇多东征之役的记载，这些记载也从侧面佐证了西周姬姓与殷商子姓之间在西周初年存在着相当的矛盾。如1924年凤翔出土的里方鼎就有“佳周公于征伐东夷”的铭文，证实了周公东伐的历史可靠性。武庚策反“三监”叛乱后，周公为彻底解除殷商友邦与其他方国势力对西周王朝的威胁，对外征伐的战

线拉得很长：北到梁山，南到淮上，由殷商王畿往东，张开成一个扇形，包含了今山东及其南北邻近诸多地区。参与这次大规模征伐的西周将领主要是周公、召公及太公姜尚的儿子。三年的战事对新王国是一次严峻的考验。战事过后，周公采取了一系列的措施以充实周王国的凝聚性。具体方略包括完成了武王的遗愿，建立了东都成周和分封了大批姬姓与姜姓诸侯，使姬姜两姓的宗族控制了全国的卫、鲁、晋、燕、齐等战略要地，为周王朝的长治久安打下了稳固的基础。经过周公一番调整后，周人与东土的各姓部族迅速糅合成为一个文化政治体系，逐渐形成了一个国族——华夏族。殷商时期，殷人只是自称为大邑，却没有“华夏”观念。而经过周人的军事与政治策略，周王朝内的各封国都自号华夏，成为了当时中华大地上的主干民族。

在西周时期，周朝所控制的核心地区居住的是渐渐融为一体的周商子民。而在周王朝统治的边缘地区，周人与其他若干古老的族群相互影响，描绘出另外一幅交融并合的画面。在中国历史上，各民族人名的读音，一是译义，另一种则是译音。西周时期的古代族群以这种方式分为两大类。一群是姬姓、姜姓和子姓，人名都有意义可循，所代表的是商周交融的族群，是华夏文明的主干。另一族群的人名，在史书上记录时都是译音，今天我们已经不知道其名字的实际意义。归结到这一族群的人，多生活在当时周王朝统治的边缘地区。如己姓、董姓、彭姓、秃姓、妘姓、曹姓、斟姓、芈姓、嬴姓、偃姓、盈姓、姒姓、弋姓等都属于这一类。其中己、董、彭、秃、妘、曹、斟、芈八姓应是祝融的后裔，嬴、偃、盈诸姓属于徐偃集团，姒、弋等姓则是夏人后代。再加上南方的吴越与北方的戎狄，众多姓氏聚合在一起，构成了环围西周四方的各姓方国。

不同的姓氏代表着不同的文化传承。商、周文化主要源自于仰韶文化和龙山文化。已、董、彭、秃、妘、曹、斟、芈八姓的文化多系自祝融集团所代表的屈家岭文化圈。嬴、偃、盈诸姓的徐偃集团相当于是在大汶口文化下发展起来的东方沿海文化圈。夏后代，姒、弋诸姓秉承的是光社文化一系（受龙山文化影响很大）。至于南方的吴越与北方的戎

狄，其一是代表长江下游河姆渡以至良渚的文化系列，另一个则属草原文化。因为文化距离较大，周人对边缘族群无法采取与殷商地区完全相同的文化融合政策。大体上，周人仍是对各方国的土著族群采用融合为主的策略，但如果周人的怀柔政策受到对抗时，周人也将付诸武力。总之，西周以姓氏宗族为纽带，结束了商王朝时期原始小邦林立的现象，是中华大地上的各民族凝聚共生的关键转型时期。可以说，没有西周，也就没有以后的中华民族。

二、四海分封成大周

周王朝建立之后，为巩固新兴政权所推行的一系列措施中，最重要的就是在整个王朝内推行分封制度。其具体内容，简单地说就是周王将土地和人民分给诸侯，由诸侯在各地建立隶属于王朝的地方政权，协助周王统治整个王朝。在分封制度下，西周王朝分成由周王直接统治的王畿和由诸侯统治的畿外两大组成部分，周王对畿外的统治在很大程度上要借助于各地的诸侯。周王与诸侯之间的这种特殊关系，成为了西周时期国家结构的基本内容。

事实上，分封制度并不是西周时期才产生的新制度，早在夏、商时期就已经出现。如大禹曾“合诸侯于涂山”，参与会盟的就有“万国”之多；商汤克桀后，也在亳大会诸侯，参加会盟的诸侯也有三千之多。为了控制这些已经存在的方国诸侯，夏、商王朝的统治者就必须通过一种具有象征意义的授受方式以承认方国诸侯的合法地位，这种授受方式，就是分封制度的起源。作为周王朝建立地方政权的一种政治制度，早在文王时期分封就已开始。如东西两虢国就是由文王分封自己的两个弟弟建立的。在西周王朝的二百多年间，分封一直在不断地推行，直到西周晚期，周厉王还曾分封他的幼子友建立了郑国。

就分封的对象而言，周代的分封分为两种类型。其一是对已存在各地的原有方国进行册封，以肯定各方国存在的合法性。另一类分封就是周天子对周室子弟、同族、亲戚以及周室外周朝各大功臣的分封。通过第一

种分封方式，周王朝取得了各地方国的拥护和支持，建立起了庞大的王朝。而第二种方式的分封，则是保证周室控制天下、掌握政权的有效手段，也就是《左传》中所说的“封建亲戚，以藩屏周”。

西周时期几次大规模的分封都发生在武王统治及周公秉政时期。武王在位只有两年，他的分封目的是在克商之后迅速确立新兴王朝与各地区方国之间的关系，重建社会政治秩序，解决当时的政治事务。因此武王的分封，主要针对的是各地的方国势力。但这种分封也是有选择、有策略的，《左传·昭公二十八年》说：“武王克商，光有天下。其兄弟之国者十有五人，姬姓之国者四十人。”由此可窥一斑。周公秉政后，经三年的时间扫平了海内，杀武庚，灭东方十七国，依靠军事力量击败了中原东部地区诸方国的反抗。东征胜利后，周公为了巩固胜利的成果，进行了大规模的分封。这次分封，仍对殷商旧势力予以承认保留，在诛灭武庚后将商纣王的哥哥微子启分封到了宋，由他继续统领殷商旧人。但周公分封的主要对象是王室子弟、克商功臣及姻亲旧友。《荀子·儒效》中说：“周公……兼制天下，立七十一国，姬姓独居五十三人焉。”周公把他们分封到了中原的东部、北部及中部等具有战略意义的地区，主要有鲁、齐、燕、卫等国。这些周王朝的王室亲戚和功臣们，被封侯于四方，镇守各地，确实为新兴王朝控制全国的局面作出了重要贡献。

西周武王以后分封的诸侯大部分都是文王、武王和周公的后裔。文王的后裔共分封了十六个国家，他们是管、蔡、廊、霍、鲁、卫、毛、聃、部、雍、曹、滕、毕、原、酆、郇；武王的后裔共分封了四个国家，他们是邘、晋、应、韩；周公的后裔共有六国，分别是凡、蒋、邢、茅、胙、祭。这些新封的诸侯国，统辖范围都比较小，公侯统辖百里，伯统辖七十里，子男统辖五十里。可见分散在各地的新封诸侯国，实际上就是周人布置在各地的一个个武装殖民点，发挥着维持王朝统治全国的巨大作用。

西周的分封制度中，对于各诸侯必须要臣属于周王这一方面，作出了明确规定。要求诸侯必须定期朝觐周王，向周王交纳一定的贡赋，诸

侯的军队要捍卫周王室的安全，周王出征，诸侯要率军协助，诸侯征讨夷狄获胜，要向周王举行“献俘”仪式，表示胜利的果实属于周王。同时周王对于诸侯，亦具有很大的予夺权力。被分封的诸侯，其内部也有比较严格的等级划分。大体上说就是，爵定位次的尊卑，服定贡赋的轻重。西周时期的诸侯爵位分别有公、侯、伯、子、男五等。他们对周王的责任按照地位的高低分别安排，爵位高的纳贡多，爵位低的纳贡轻。服分为内服和外服。侯、甸、男、卫为外服，是周天子封在王畿以外的诸侯国；采是内服，封在内服的是周朝内卿大夫的食邑。周灭商以前，周公、召公、毕公、太公、康叔等人在周国内都有封邑。另外周初的各地方国，还按照距离王都的远近和所在区域的不同划分为甸服、侯服、宾服、要服和荒服五个等级。国都近郊五百里内地区是甸服，甸服以外五百里的地区是侯服，侯服至卫服共二千五百里内地区总称为宾服，蛮夷地区为要服，戎狄地区为荒服。等级不同，诸侯对王朝所承担的义务自然也不同。甸服地区要供日祭，即供给天子祭祀祖父、父亲的祭品；侯服地区要供月祀，即供给天子祭祀高祖、曾祖的祀品；宾服地区要供时享，即供给天子祭祀远祖的祭品；要服地区要供岁贡，即供给天子祭神的祭品；荒服地区要来朝见天子，也就是“终王”。祭祀祖父、父亲，每日一次；祭祀高祖、曾祖，每月一次；祭祀远祖，每季一次；祭神，每年一次；朝见天子，终生一次。

西周的封建制度，一方面有个人的承诺与约定，另一方面又有血族姻亲关系加强其稳定性。二者的结合，便表现在彝器铭文和礼仪上。而礼仪背后，实际上还是君与臣的个人关系，主上对下臣有礼，下臣对主上尽忠，上下双方互相履行权利与义务，这就是在姓氏宗族体制下发展形成的西周分封制。

三、成康之治

西周的盛世是继周公后，周成王与周康王两代君王统治的时期。《左传》中说："武王克殷，成王靖四方，康王息民，封建亲戚，以藩屏周。"可见成康时期是西周王朝由进一步巩固王权、增强国力，终达繁荣鼎盛的时期。历史上将这段时期称为"成康之治"。

周康王像

前文说过，周公共秉政七年，在这七年里，他为西周的巩固与发展奠定了稳定的基础。当成王年满二十岁时，周公便还政成王，重新回到了群臣的行列之中，为周室鞠躬尽瘁，继续辅佐成王。成王执掌国政，武王灭商时期的能臣，如周公、姜尚、召公等人仍在，这有利于成王继承武王的遗志，秉承西周立国前三代君主的理想，为继续发展

稳固西周王朝提供了富有经验、能力超群的领导班底。

成王统治初期，西周王朝实行继续对外扩张的政策，以稳固政权。成王在位的时候，他也和周公一样，亲自率领大军讨伐过东夷。成王曾率领周人进军淮水流域，消灭了殷商的残余势力淮夷，在得胜回国后，成王还在宗周写下了《多方》，以告诫天下诸侯。成王时期另一件重要举措就是他遵循武王的遗旨，经周公规划，召公测量，兴建了成周洛邑。洛邑建成后，成王把大禹治水时铸造的九鼎安放到了成周，并写下了《诏诰》和《洛诰》，向四方诸侯公布："成周是天下的中心。"不久，成王又在周公的帮助策划下，将殷商"顽民"都迁徙到了成周。同时派军队进驻成周，对"顽民"施行监控。成王还告诫"顽民"，要安于天命，不要再蓄谋作乱，否则就是咎由自取，不可再被宽恕了。成王时期，对周朝过去所用的官职设定、礼仪、音乐、法令等都进行了修改完善，进一步规范了制度。经过成王和西周开国贤臣的努力，西周进入了盛世。从成王后期到康王中前期的四十年里，天下息兵，百姓和睦，颂歌四起，是西周的黄金时期。

不过成王统治时期也有一些失当的举措，楚国的兴起就是一例。据说成王曾封熊绎做南方楚地的国君，当然这一册封不过是对原有方国在形式上予以肯定而已。熊绎一族是黄帝的孙子帝喾的后人，很早就已经在楚地生活开垦。岐阳会盟时，熊绎的势力还很弱小，周人也因此没有把楚人放在眼里，派熊绎一族和东胡地区的一个小部落鲜卑一起去看守祭神用的火堆，不允许正式参与盟会。熊绎对这一耻辱牢记在心。他回到自己的领地后，积极发展生产，向周人学习先进文化，慢慢地使楚国强大了起来。熊绎在世时畏惧周人的军事势力，和鲁公伯禽、卫康叔子牟、晋侯燮、姜尚的儿子姜伋共同侍奉成王。但到周夷王时，西周国势开始衰弱，熊绎后人熊渠看准时机，自立称王，从此不再向周天子朝贡。

成王临终前，把自己的长子钊托付给了召公和毕公，这就是康王。实际上"康"是姬钊死后人们追加给他的谥号，在西周时期留下的金文中多称他为休王，即有"休养生息"的意思。我们按照习惯，仍然称他为"康王"。康王统治时期，确实是西周进入盛世、国泰民安的时代。成王逝世

后，召公和毕公在拥立康王登位前，曾率领诸侯百官，带着康王一起拜谒了西周先王的宗庙。在宗庙内，召公、毕公两位老臣用文王与武王艰难开创西周王业的事迹告诫康王，要他一定要力行节俭，戒贪戒淫，专心理政，这样才对得起祖先，对得起周室子孙，对得起天下庶民。康王继位后，在政治上转入守成。他令毕公作策书，划定周都郊外的边界，让百姓分村落居住，以作为周都的屏卫。这一时期，戎狄等西周边境上的民族，自古公以来，多次被周人攻伐，也没有力量南下，进入了恢复时期。由此西周王朝内天下安宁，得到了一段较长的和平发展时期。

康王统治后期，为继续加强对边疆地区的经营，康王首先平定了东夷的叛乱。随后康王出兵北征于方，西伐鬼方，不仅缓解了国内的矛盾，更从巨大的胜利中取得了丰厚的利益。据小盂鼎上的铭文记载，康王征伐鬼方，只一次战斗就杀敌四千八百多人，俘获了一万三千多人，同时缴获战车三十辆、牛羊共三百五十余头。战争的胜利、疆域的扩大，随之而来的就是国家的强盛。康王逝世后，他的儿子昭王瑕继位。昭王在位的时候，西周王朝开始走向衰落。

四、周昭王南恨荆蛮地

《史记》中说："康王卒，子昭王瑕立。昭王之时，王道微缺。"昭王统治时期可说是盛极而衰，是西周王朝的转折点。从昭王开始，西周进入中期，王朝的盛世一去不返。

对于昭王的生平，史书上记载得都很少，后人只能通过查阅多方面材料，进行整合，然后作一个粗略的分析。《史记·周本纪》记载："昭王南巡狩不返，卒于江上，其卒不赴告，讳之也。"根据这一条没有交代原因，只说出结果的含糊记录，后人们对昭王的死作出了很多推测。有人说昭王南巡不返是因为当地人憎恶他，给了他一只用胶黏合的船渡江。结果渡江的时候掉进江中淹死了。他死后，周室觉得这件事情很丢人，也就没有向诸侯报丧。这一说法漏洞太多，显然不可靠。

昭王在位十九年。他在位的时候，对于北方，西周王朝主要采取守势，进攻的重心转向了南方。尽管昭王之世，北疆也很不宁静，戎狄经常入侵，但西周各方诸侯凝聚在周天子的周围，能够团结一致，所以当时北边的戎患，周天子多依仗北路诸侯抵挡，周人的真正战略目标是物质资源丰富的长江以南的荆楚地区。根据《竹书纪年》中的记载，周昭王十六年，西周东南部方国侵扰边境，昭王接到战报，便率六师远征讨伐，很快就取得了胜利，随即继续向东南挺进。西周大军捷报的传播速度远比西周六师南下的速度快，西南各地方国很快就听闻了消息。东夷与南夷共二十六个方国自知无法抵挡周人，于是全部主动投降，率部众出迎周

西周·铜甬编钟

军，朝见昭王，由此西周在军事上与政治上又一次取得了重大胜利。但就在此时，长江以南的荆楚蛮族似乎依赖汉水天险，仍然与西周大军进行着对峙。在这一背景下，一场大战似乎不可避免。周楚双方战斗的具体情况，缺少资料可查，不是十分清楚，不过战斗的结果确实是以西周的失败而告终。昭王十九年，西周大军准备渡过汉水，开始伐楚。遗憾的是周人并未能渡过汉水，发生了什么？史书上的记录是模糊的："涉汉遇大兕；十九年……天大曀，雉兔皆震，丧六师于汉，王陟。"可见这次南伐，周人损失惨重，是遭到偷袭，还是遇到台风或地震一类的天灾，虽不是很清楚，却可以肯定绝对不是只昭王一人遇害，而是周人的主力军——六师也受到了致命打击。

周人盛极而覆，自昭王开始。周人有意掩饰事实的真相，使历史变得模糊不清。而失败毕竟是失败，六师的惨重损失无疑对周人是一个重大的打击，削弱了西周的军事力量，打乱了周人的军事布局，这应该是周人突然衰落的原因之一吧。昭王死后，以礼为尊的周人竟然一反常态，没有向诸侯报丧，这是否是周人为稳住大局，采取的一种应急措施呢？

五、周穆王环游天下

昭王死后，已经五十岁的昭王长子姬满即位，是为周穆王。穆王继位后，面对稍不谨慎就可能引起轩然大波的西周政局，他重兴文王、武王时期的德政，命令伯冏反复告诫太仆，要其管好国家的政事，使天下的局势安定下来。

当时四方诸侯中有不亲睦的现象出现，甫侯将这一情况报告给了穆王。穆王根据甫侯的建议重新制定了刑法，因为新的刑法是由甫侯提出的，所以也叫《甫刑》。《甫刑》规定：狱官通过观察被告人言语、脸色、气息和听话与看人时的表情来进行分析断案。审讯的结果如确凿无疑，就根据犯罪者罪行的轻重，判别施行墨、劓、膑、宫、大辟这五刑中的一种，其细则竟达三千条之多。可刑不上大夫，对于诸侯大夫则按照用钱赎罪的方法判决。《甫刑》是一部保护西周诸侯和大夫等统治阶级的法律，不仅残酷，而且具有很多弊病，但在当时能够维护西周各阶层的统治秩序，因此还是有进步性的。

作为君主来说，穆王虽然复兴了文王和武王时期的德政，但他本人却不是一个能够总揽全局、高瞻远瞩的优秀帝王。稳定西周国内局势后，穆王就有了开疆拓土、炫耀四方的想法。《竹书纪年》描述："穆王东征天下二亿二千五百里，西征亿有九万里，南征亿有七百三里，北征二亿七里。"穆王时期，对淮夷、徐方和犬戎的征伐都取得了巨大的胜利。尤其是在对犬戎的征伐中，他曾两征犬戎，一共俘虏了五个犬戎之王，迫使犬戎

西迁到了甘肃平凉以东的“太原”地区，使周王朝的西部边界大大拓展。穆王穷兵黩武的直接结果就是恶化了周王朝与各少数民族之间的关系。

穆王准备攻打犬戎前，祭公谋父曾劝阻过他。祭公谋父说：“我西周的先王是以光耀德行来服人才得到的天下，而不是为炫耀武力就轻易攻伐的君主。军队平时要蓄积力量，待必要时才可以出动，这样一出动就一定能展现出威力。可如果大王只是为了炫耀武力，就轻举出兵，一定会失信于天下，即使胜利了也是得不偿失，所以不能去。歌颂周公的颂诗说‘收起干与戈，藏起弓和箭，求贤重美德，华夏都传遍，王业永保全’，这就是德政的作用。先王曾留下遗训：有不供日祭的，就检查自己的思想；有不供月祀的，就检查自己的言论；有不供季享的，就检查自己的法律制度；有不供岁贡的，就检查上下尊卑的名分；有不来朝见的，就检查仁义礼乐等教化。如果以上几点依次检查完后，王者没有任何问题，而诸侯仍然不来进献朝见，王者才只能对那些不祭、不祀、不享、不贡的诸侯进行惩罚攻伐，而不是轻易地劳民远征。所以在先王的德政下，不论是近是远，各方诸侯没有不服、没有不归顺的。如今我听说犬戎各族已经建立了敦厚的风尚，都按照先王的规定，始终如一地坚守终生入朝的职分，依照自己的职分前来朝见，没有任何过错。而大王您却要用‘宾服不享的罪名去征伐犬戎，让他们看到我军的威力’，这不是在违背先王的教诲吗？而犬戎也是有力量和我们对抗的，草率的出征，大军不是只会遭受劳顿吗？”可惜，穆王一意孤行，没有听从祭公谋父的劝谏。穆王第一次西征伐戎尽管取得了胜利，却只获得了四只白狼和四只白鹿而已，失去的则是和平。从穆王兴师伐戎以后，外藩地区就不再朝见周天子了。

西周·格伯簋

在历史上，穆王以喜欢出游而著称。穆王统治时期，因昭王南征——尽管那是一次不幸的悲剧，但却使得周人在南方的势力得以稳定，淮夷成为了经常向成周纳贡的属邦。在周夷王以前，东南地区不再成为西周的忧患。江山的稳固为穆王四方巡游创造了条件。穆王时期，周人畜养马匹的品种和规模都在增加。有传说穆王获八骏，由造父驾御遨游四方的故事，虽是出自稗官野史，从侧面也可说明穆王时期，虽然已不是成康盛世，但国力依然十分充沛。《左传》中就曾说过："穆王欲肆其心，周行天下，将皆必有车辙马迹焉。"在汲县西，战国墓出土的中国历史上第一部小说《穆天子传》中，还虚构了周穆王驾八骏至昆仑之丘，观黄帝之宫，设宴于瑶池，与西王母作歌相和的神话。根据现代学者考证，周穆王西游最远曾到达过今里海与黑海之间的旷原。《列子·周穆王》中也有"穆王不恤国是，不乐臣妾，肆意远游"的说法，看来穆王确实是一个喜好游乐的君主。

穆王在位 55 年，享寿 105 岁。他逝世后，共王姬繄扈继位。共王时期，西周仍有相当的势力征伐四方。传说共王曾到泾水出游，密国的康公随从前往。在泾水河畔，有三个美丽的女子慕名投奔到密康公的帐下。密康公的母亲隗氏是一个有见识的女人，她对儿子说："你必须将她们献给共王。你要知道野兽够三只就叫'群'，人够三个就叫'众'，美女够三人就叫'粲'。君王在田猎时都不可以猎取太多的野兽，娶嫔妃也不可以娶同胞的三姐妹。这三个女子都十分美丽，她们投奔到你的帐下，你认为自己的德行可以承受得起吗？君王都承受不起，更何况你只是一个小人物呢？小人物要是拥有了宝物，灭亡也就不远了。"真可说是色字头上一把刀，康公没有听从母亲的规劝献出三个女子。一年后灾难果然降临，共王因康公私藏"三美"，出兵兴师问罪，把密国灭掉了。共王以后，是懿王姬囏。懿王时期，周王室已经衰落到有人作诗讥讽时政的程度了。

点 评

这一段历史离我们确实有些遥远，比较混乱模糊，但这并不影响我们去回味，去思索。实际上，一个时代的变更就像一个人的思想一样，是从量变到质变的过程。

人们经常说奴隶社会或封建社会的统治阶级在利用某种思想，如祭祀、鬼神、先祖等来桎梏劳动人民，便于统治。事实上，无论古人的身份如何，性别如何，他们的言与行是一致的，他们确确实实地崇拜信仰着那些神秘莫测的事物。当一个巫师在祈祷求雨时，他的确相信上天会被他的真诚所感动；当一个猎手或一个农民进行某种占卜时，他也真的相信占卜的结果——利于出猎或今年丰收。

生产力决定社会的发展和人的思维。一个人的认识，无论多么超前，也不可能完全跳出他所生存的时代，或多或少都带有其生活时期的影子。也正是因为如此，在文明初期，人们不理解的事情太多，想知道的事情也太多，他们需要一个答案——尤其是那些智者们。所以说鬼神的产生，实质上是先祖们对未知世界的一种粗糙的解释而已。到封建社会中后期，随着社会文明程度的提高，一些具有哲学思想或科学头脑的人开始否定鬼神的存在，《神灭论》等文章就是在这一背景下出现的。而真正摆脱鬼神思想，是在新中国成立以后发生的事情。人类思想上的转变竟然花费了近五千年的时间，相较而言，从奴隶社会转入封建社会所用的时间就不算什么了。

西周是奴隶社会到封建社会的转型时期。从西周封土建侯这一点说，西周已进入了封建社会，但西周社会广泛使用奴隶进行劳作也是不可辩驳的事实。在西周社会结构中，奴隶与平民是有绝对区别的。所以尽管本书将西周归到封建社会中，但从西周的生产力结构上看，则更接近奴隶社会。总之，不论是殷商时期的鬼神思想，还是西周时期的裂土封侯，这些都是由当时生产力的结构决定的。就像意识形态的转变需要过渡一样，时代的变更也同样需要时间。中国真正摆脱奴隶制度，进入封建社会是春秋以后的事了。

相关链接

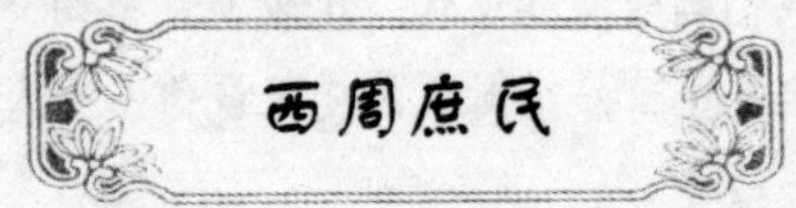

西周庶民

“民”字的本义就是奴隶。随着时代的变革，“民”字含义扩大，不仅成为底层劳动者的总称，到西周时期，甚至贵族有时也自称为“民”。因黄帝时期曾击败蚩尤部，九黎族人一部分内迁，在中原地区建立了黎国，所以也有黎民的说法。西周时期，民包括自由民、农奴和奴隶，三者统称为庶民。

自由民在庶民中是上层，他们的构成比较复杂。自由民中的一部分是从殷商时一种被称为小人的人群和殷商“顽民”演变而成。殷商小人在商亡国后，周公教他们务农，或做买卖，以此奉养父母尊长，他们的身份既没有贵族的高贵，也不像奴隶和农奴没有自由。殷商“顽民”的一部分在周公将他们迁到成周后，被允许拥有自己的房屋和田地，从事商业活动，也具有了自由民的身份。除了殷商小人和“顽民”外，周人土地由嫡子嫡孙继承，称为宗子，与宗子亲属疏远或亲属已尽的族人在宗族内领得土地也逐渐退化成自由民。大国吞并小国，小国贵族子民沦为皂隶，进入庶民阶层，有时由于一些特殊原因也可能成为自由民。自由民阶层逐渐扩大，到春秋战国时期，相当一部分成为地主，是奴隶制转变为封建制时期一股推动时代变革的重要力量。

农奴在武王克商以前周国内就已经存在。西周的大封建之所以有极大的进步意义，就在于将大量的农业奴隶释放为农奴。农奴的一个重要特点就是有地可种，他们在固定的土地上进行劳作，身份高于奴隶，是西周王朝农业劳动的主力。西周将殷商奴隶变为农奴，给予农奴一定的生活保障，有效地促进了农业的发展。周土地法以一田为单位。一田是一百亩，一亩的面积是横向一步(周的一步是三尺八寸四分)，纵向一百步。在西周除了晋

国因与戎狄地区交错，多牧区而少农田，所以不用周法，采用戎族习惯法分配牧地外，西周中原地区的国家卫、鲁、齐、陈、宋都按周法划分耕地，将农业奴隶自然转化成了农奴。农奴和自由民一样，主要依靠务农生活。他们分得的土地称为私田。战国以前人们还不懂得施肥，田地需要轮流休息，一部分耕种，一部分放荒，一个自由民或农奴如果有田二十五亩，除去什一税后，在一般情况下可以满足一家人的温饱。自己死亡或年老，可以由长子继承做户主，但并没有所有权，不可私自买卖。

封建社会从开始到崩溃，奴隶一直存在。西周是封建社会的初始时期，奴隶仍被广泛使用。奴隶多来自战俘，他们是西周社会构架中的最底层，虽然也从事农业耕种，但毫无生存保障。从耕种的角度说，农业奴隶散布在广大田野上，将他们释放为农奴，可以增加他们劳动的积极性，对西周经济发展比较有利。

第三章
西周之秋

一、王师多败绩

西周懿王以后，随着社会的进步与王室内部生活的日益腐化，社会矛盾渐趋尖锐，周王逐渐丧失了对四方各少数民族方国的控制能力。这一时期王室衰微，戎狄交侵，周王朝在对各少数民族势力的战争中开始屡遭败绩，西周百姓受尽蹂躏。懿王时，有诗人作讽刺诗说："靡室靡家，猃允之故……岂不日戒，猃允孔棘。"厉王征淮夷不克，讨伐犬戎更遭惨败。宣王企图中兴，而在其统治晚期，周人在与戎、狄、蛮、夷等少数民族的战争中也都受到了重创。到了周幽王晚期，犬戎攻破镐京，外敌入侵成为了西周灭亡的直接原因。

当然，任何王朝的灭亡都要先从它的内部寻找原因。西周自共王、懿王、孝王、夷王四朝开始，由于犬戎等少数民族的入侵，王朝陷入长期的战争之中，国力日渐消耗，周王室不得不加重对民众的剥削。在沉重的负担下，甚至连一些贵族都只能破产。周王室内，乱政丧德的事情更是时有发生。如前文曾提到共王因康公私藏"三美"而灭密就是一例。懿王统治时曾将都城从镐京迁移到了犬丘，但不久就又重新迁回了镐京。懿王死后，周王朝嫡长子继位的宗法制度被打破，共王的弟弟辟方即位，是为孝王。孝王逝世后，在诸侯的干涉下，懿王的长子燮登上了王位，被尊为夷王。夷王统治时期，齐国自姜太公吕尚立国后，已传到了第五代哀公。哀公不忠于周王室，他生活颓废，荒淫田游，被夷王用大鼎烹死了。夷王处决哀公后，立哀公的弟弟静继承了公位，就是胡公。齐胡公执掌齐政没多

久，哀公同母所生的另一个弟弟山就和他的党羽率领营丘百姓推翻了胡公，将胡公杀死在了贝水畔。山杀胡公后自立，成为了齐国的统治者，被称为献公。诸侯可以干涉天子的任命，又可以自立，这些现象都反映出西周王室的力量已非昔日，周政将败的迹象也同时显现了出来。

穆王时期的穷兵黩武点燃了周人与犬戎之间的战火。自穆王以后，西周的西北边陲就时常遭到犬戎的侵扰，战火接连不断。懿王二十一年，虢公率师北伐，犬戎败逃。夷王七年，虢公在太原再次击败犬戎，获马千匹。从表面上的胜利看，西周似乎仍有能力大举伐戎，其实却并非如此。周人在这一时期只记胜利而不记败绩，所以后人回眸历史才会产生错觉。按照周制，礼乐征伐都应出自天子，而这两次胜利都是诸侯的战绩，从侧面也说明了西周中后期王室对诸侯的依赖在加强，已经不能很好地掌控各诸侯方国的势力了。因国力不充，周王室为保证京畿地区的安全，开始培植强藩在边境地区防卫。周王畿北边的克氏就是西周为防御犬戎而培植起的强族之一。在大克鼎上有克氏受赐大批土地、人民的记载，和小克鼎上“王亲令克，遹泾原，至于京师”的文字，都说明了周人扶植克人的事实。为防御边患，周人扶植强族，而强族越多，周王室的权威也就越小了，最后终于演变为本末倒置的形势。

西周王朝是建立在分封制基础之上的国家。长期以来，周人一直都采取在西北地区进行防御，向南部地区不断扩张的策略。但国力的衰微，使得周人在战争上不断受挫，周王室的力量变得越来越弱。不能取得战争的胜利，已有的土地又在不断地被分封，到了周朝末年，王室终于到了无土可封的程度。在西周初期本来具有进步性的分封制度，到了中后期，竟然成为了制约西周发展的阻力，这实在是一种悲哀。

西周·战车（模型）

二、西周末世诸王

周夷王逝世后，他的儿子厉王姬胡即位，西周的崩溃也由此开始。厉王在位三十七年，这一时期，西周王朝长期的矛盾逐渐积累，已到了随时都有可能发生变革的边缘。过去在史书上对厉王的评价一直有些不很公道。说他在面对内忧外患的时候不知发展民生，采取安抚的措施，反而依旧大肆挥霍，为满足个人的奢侈生活和对外战争的需要，对国人的盘剥变本加厉，甚至到达了垄断山泽之利的程度。

那么厉王是否垄断过山泽之利呢？应该是有的。历史上给厉王的罪名中“专利”就是其中一项。“利”指的是天然资源——山上的树，湖中的鱼，更重要的是分散在山川湖泊附近的铜矿石。在世界黄金资源的分布中，中国从来就不是黄金的主产地，先秦时期所说的金多是指黄铜。西周王朝，铜和金等价，是先秦时期重要的货币，也是西周人制作各种工具器皿所不可缺少的材料。在武王克商，殷周交替的时候，农具主要是用木、石、兽骨、蚌壳等制作的。进入西周中后期，社会经济有了显著提高，尽管依然以木器、石器、骨器为主要劳动工具，但已经开始使用铜铲、铜镈、铜镐、铜锄和青铜斧等铜制工具了。这样一来，去开垦原本不利于开发的山川湖泊就方便多了。厉王之世，周王室的对外战争受挫，频于应付那些时常骚扰边境地区的外族，在战争中能够取得的利益十分有限，不能满足王朝内部的消耗。而诸侯和自由民们这时已开始使用更为方便的劳动工具，可以有效地开辟山岳，进行垦荒，种植王田以外的私田。对诸

侯和自由民来说，垦种私田显然要比耕种王田更为有利。私田是大自然赐予每一个人的财富，不在周室管辖范围之内，不需向周王交税，因此也就直接影响到了周室的收入。厉王一方面要不断用兵，应付外族的入侵，另一方面又需要大量的资金来维系政府的日常开销，同时还要防范王国内部的割据势力。费用多，而资源少，解决财政问题就成了当务之急。厉王重用荣夷公敛财，垄断山泽之利的目的本是为了加强西周王室的力量，但他所采取的一系列措施没有和诸侯与底层自由民的利益相一致，也没有顺应当时的时代发展，失败也就成为必然。

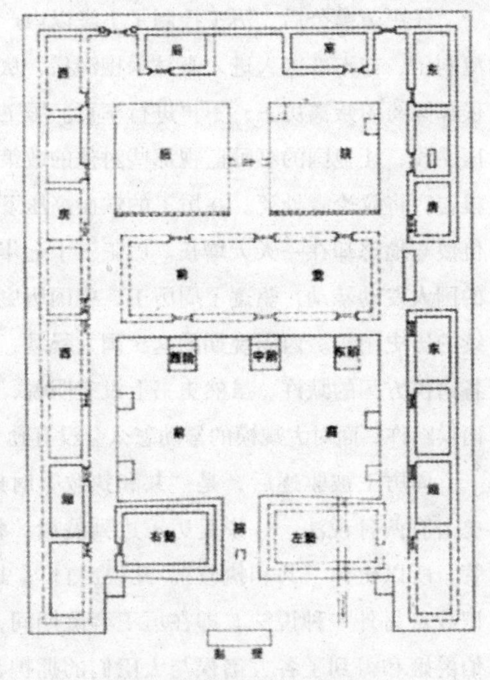

周王室或诸侯住宅平面图

厉王的做法一开始就被一些有能力的大臣看出了问题。周大夫芮良夫曾经劝谏过厉王。他对厉王说："荣夷公是一个喜欢独占财利，却不懂得大祸将会降临的人。山川湖泽这些财利是天地自然所拥有的，人人有份，不可能一人独占，独占就会引发众怒。荣夷公用财利来引诱您，您的王位还能长久吗？一个有道的明君应该开发各种财物，然后分给上下群臣百姓，使神、人、万物都能得到所应得的一份。即使像这样广施恩泽，君王还需要每日小心警惕，担心会招来怨恨呢。如今，君王您却想独占天地间的财利，这怎么能行呢？普通人独占财利，还要被人称为是强盗；您如果也这样做，那可能就要引起诸侯的叛乱了。所以，重用荣夷公垄断山泽之利的话，周朝恐怕就将败亡了。"历史上总是充满遗憾，厉王三十四年，他未听取芮良夫的劝谏，还是重用了荣夷公。

任用荣夷公后，厉王控制了王畿以内产铜器的山林川泽，不许中小贵族利用，亦不准国人进入森林采樵渔猎，从而引起了广泛的不满，四方诸侯邦国纷纷叛离厉王，不再进行享贡。厉王面对国人的愤懑情绪采取了高压手段，让卫国的巫师监视那些对他的政策议论批评的人，一旦发现立即报告，将议论者处死。在厉王的铁血高压下，议论的人少了，而看不见的仇恨与愤怒却在一天天增长。厉王三十七年，即公元前 841 年，周王畿内的国人发动暴动，驱逐了周厉王，中国历史也从这一年开始有了可靠且连续的历史纪年。西周晚期的这次国人暴动，毫无疑问得到了西周统治上层各诸侯方国的默许。虽然史书上没有明说，不过可以想见，如果不是各方诸侯默许，面对大规模的暴动怎么会没有勤王的诸侯出现呢?

周厉王被驱逐后，是“共和执政”时期。对“共和”这一名词，历史上有两种说法。一说是厉王逃到彘后，朝政由召公和周公等人共同代管，所以史称“共和执政”。此说出自《史记》，在《史记索隐》中还记载着另外一种说法。即在厉王奔彘期间，西周同姓方国诸侯中共国的伯爵姬和得到了各方诸侯与大臣们的拥护，执掌西周政局担任执政。历史上习惯尊称他为共伯和，所以从厉王被驱到宣王即位的这十四年时间

国人暴动

就被称为共和时期。后一说法除了《史记索隐》提及过外，在《庄子·让王篇》、《吕氏春秋·开春篇》以及《史记正义》中也都有记载。相反，在西周晚期的金文中，直到今天也没有发现有关于大臣周公的一言一字，不过可以确定当时的召穆公（召虎）确实是一个重要的人物。但在今天的大众心中，多数人都已经接受了由召公和周公两人共同执政的说法。事实究竟怎样，本书只管“回味”，不做研究，对存在历史悬疑的说法笔者只是尽己所能地让读者多了解一些而已。

接着厉王被驱逐，笔者继续往下陈述。在国人暴动中，厉王的长子姬静受到国人迁怒，可说是“城门失火，殃及池鱼”。为躲避被国人杀害，姬静被召公藏在了家里。可是事情不胫而走，召公藏匿姬静的消息竟然被愤怒的国人知道了。他们立即包围了召公家，要求召公交人。召公是个有正义感的大臣，他曾经劝说过厉王，告诉他用铁血的屠杀不能封住天下人的悠悠之口，防民之口甚于防川，不然必被民众的怨气摧毁。可眼下他的话都变成了事实，国人暴乱，民众的怒火已难以轻易熄灭。在这种情况下，召公无奈，为保护太子，他只好含泪用自己的儿子代替了姬静，周王朝的血脉才得以保存。公元前 828 年，也就是共和十四年，厉王在彘地死去了。姬静这时已在召公家长大成人，在召公等周室大臣的拥护下，姬静被扶上王位，这就是宣王。

宣王登位初期，国家的情况残破不堪，周边的民族一再侵袭，社会仍动荡不安。宣王为能复兴西周，修明政事，师法文王、武王、成王、康王的遗风。经过宣王的苦心经营，公元前 816 年，鲁武公亲自到周室朝拜天子，从此诸侯又重新尊奉周王室了。

宣王在位四十六年，他在政治和军事上都取得了一些成就，使西周有了中兴的气象。但面对病入膏肓的西周王朝，宣王只能算是一个能够治标的良医，而不是一个有起死回生之术的神医。宣王对严允、西戎、徐戎、荆楚进行的一系列战争中有胜有败，胜无疑可以增强王朝的活力，而失败则必然给刚刚复兴的王朝带来不利的消耗。所以宣王末年，西周的国力，因征讨而受损。公元前 789 年，宣王在西周王畿地区被姜戎打得大败，晚年在南方江、淮一带用兵也以失败而告终。为了满足战争与社会建设的需

要，宣王还一再征兵征徭，使得农奴大量逃跑，有些农村则变成了鹿场。公元前782年，宣王逝世，周幽王即位，关中地区发生地震、山崩河枯，自然灾害严重，加之外有少数民族入侵，内有诸侯方国割据，西周王朝摇摇欲坠。面对存亡之秋，周幽王不仅不恤灾民，在生活上宠幸褒姒，更加奢侈腐化，终于在公元前770年被犬戎攻破镐京，国破身亡。

点　评

历史上有许多君王不是因为没有作为而成为昏君，周厉王也许就是其中之一。

面对大变革的时代，作为一位西周天子，他的思想倾向不可能站在劳动人民一边。也许厉王贪财好利的做法并不是只为其个人的腐化生活，而是为了保证周王室的利益。但在国家大事上，既要有胆识、有魄力，更要慎重。西周王朝是建立在裂土封疆的基础之上，其国策如果触及了诸侯方国与社会中自由民的利益，就需要慎之又慎。周厉王的思想不可能超前到通过提高生产力的发展，推动社会变革，以延续西周王朝这样的高度。这种事情只有在科幻小说中才会出现。况且即使周厉王意识到了，以他一个人的力量也不可能改变西周王朝的命运。

然而无论怎么说，周厉王毕竟被划归到了昏君的行列之中，除去那些礼教思想中的善恶观念，究其原因只有一个——他所代表的是落后的陈旧势力。从西周到战国，这漫长的历史是一个变革的时代，铜器代替石器、木器、骨器，铁器又代替铜器，生产结构不断地发生调整，社会结构不断地重组。在这一风起云涌、变幻莫测的时代中，新势力代替旧势力的最有效方法就是将其摧毁。西周开启了封建社会，但其井田制度必然无法适应新的社会变革。所以说在新的生产力形式下，从某方面说，周厉王也是一个时代的悲剧。他既没有足够的力量去抵御外族的入侵，更不可能扭转西周的灭亡，也许他的作为还不及殷商时期许多君王昏聩，可他却站在了大变革的浪尖上，他的臭名也就远胜于那些毫无建树、只知淫乐的昏庸之王了。

相关链接

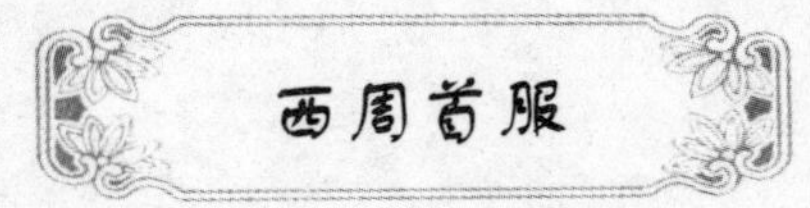

西周首服

西周服饰十分讲究，除了起遮体避寒的作用外，还起着划分等级身份的作用。首服可分为冕、弁、冠、巾、帻等多种。冕是王公诸侯的首服，一寸多高，前面有旒，旒因爵位高低而有多少之分。弁的前后是平的，一般只在天子的常礼时才使用。冠是有身份的人所共用的首服，外形高耸，须束发才能受冠，平时的颜色是玄黑色。但因地方习惯、时尚与个人喜好不同，西周的冠式，也就未必处处时时完全相同。西周贵族男孩成年时，都须行冠礼，以表示他已是一个能肩负责任的成人。西周庶人一般是用巾帻，据说是卑贱执事不冠的首服。

第四章
西周哀怨

一、烽火狼烟散九州

西周王朝经历了近三个世纪的风雨，最终断送在了周幽王姬宫涅的手上。公元前780年，也就是周幽王即位后的第二年，周地发生了一次巨大的震灾，泾水、渭水、洛水三条河流都曾因此枯竭，岐山的一些山脉也被震塌，西周从这一刻踏入了灭亡的门槛。

对于这场空前的大天灾，当时西周的太史伯阳甫曾说："天地间的阴阳之气都是有秩序的，三川地区会发生地震，是因为阳气离开了它原来的位置而被阴气压在了下面。阳气处在阴气的下面，水源就必定因受到阻塞而干涸。没有了水，土地得不到滋润，长不出庄稼，国人吃什么？靠什么生存？国人如果到了财用匮乏的地步，国家也就快灭亡啦！从前，伊水、洛水干涸，夏朝就灭亡了；黄河枯竭，商朝就灭亡了。现在岐山崩塌，三川枯竭，我大周的气数也和当年夏商两代末年一样了，恐怕不出十年，上天就会抛弃我们了。"伯阳甫的话也许是后人演绎的，同时也充满了迷信思想，但细细品味，会发现其中蕴涵着许多朴素的道理。西周时代的农作物以黍稷为主。黍稷虽比麦类耐旱，但没有水依然无法生长。周幽王时期的这次大地震使地层发生了变动，地下水资源必受到了极大的破坏，再赶上降雨量不足的年景，便造成了水源枯竭，导致旱灾，妨碍了农业生产。周人极为畏惧天灾，认为天灾是上天对下民的惩罚。所以天灾在心理上给周人造成的打击，往往要比实际的经济损失更为沉重。周幽王时期，除天灾人祸之外，旧的社会秩序也正在逐渐改变。王室内国库空

虚，上层诸侯大夫们虽身份尊贵，可生活处境往往还不及一些地方的小诸侯或下级小官。这些复杂的社会问题综合到了一起，就促成西周镐京在被犬戎攻破后，即使新君立位，也无法收拾残局的境况。

古人对待亡国问题多不从社会经济方面寻找原因，总是将所有问题都归结成帝王的昏庸与红颜祸水这些人为因素。就如同夏有施妹喜、商有苏妲己一样，西周末年的“妖女”是——褒姒。

褒姒有多美，不得而知，在《史记》中她的出身就已经具有了魔幻色彩。这种“殊荣”，施妹喜也好，苏妲己也好，都未曾享有。在史家的魔笔下，褒姒的出身直接追溯到了夏王朝末年。传说在夏后氏衰落的时候，一天有两条神龙突然降落到了夏帝的宫廷上，至于是夏朝的哪一位帝王的宫廷，《史记》中没有说，倒是在冯梦龙的《东周列国志》中被敷衍为夏桀。两条神龙对夏帝说：“我们是褒国的两位先君。”夏帝望着两条神龙，感到十分的惶恐。他找来巫师进行占卜，想让上天给他以启示，告诉他是应该杀掉它们，还是赶跑它们，抑或是留住它们，占卜的结果却都不吉利。经过一番思考后，夏帝又请求巫师占卜，要是将两条神龙的唾液藏起来，会怎么样呢？这次的结果是吉利的。于是夏帝摆设出币帛祭物，书写简册，向两条神龙祷告。风云变化之后，神龙不见了，只留下了它们的唾液。

西周·张家坡车马坑

夏帝拿来木匣把神龙的唾液收藏了起来。光阴荏苒，木匣一直被封存着，经历了夏朝的兴亡，看到了殷商的盛衰，最后传到了周朝。在西周最初也一直被封存着，武王伐纣、周公秉政、成康盛世、昭王南征、穆王西

游，又历共王、懿王、孝王、夷王，从来没有人敢把木匣打开，窥伺其中的奥秘。

但木匣终究还是被人打开了，那是在周厉王末年。厉王不明白，为什么这一千多年里，竟然会有人被一个遥远时期的诅咒所束缚。在好奇心的驱使下，他揭开了“魔匣”。神龙的唾液立即从木匣中飞出，在殿堂上横流，怎么也清扫不掉。周厉王听从巫师的建议，令宫女赤身裸体向着唾液大声祷告。不想唾液突地变成了一只黑色的大蜥蜴，爬进了厉王的后宫。厉王立即派人四处寻找，却怎么也找不到。原来后宫中有一个才六七岁、刚刚换牙的小宫女，这天也该她应劫，恰巧碰上了这只大蜥蜴。也许是孩子年少不懂事，看见了这从未见过的“怪物”也不害怕，瞪着小杏核眼好奇地看着蜥蜴。蜥蜴也注视了小宫女许久。这时四周传来了宫人的脚步声，蜥蜴迅速地爬到了小宫女的脚下，一道白光闪过，消失在了虚空中。小宫女当时也没有在意，不想成年以后，竟然未有男女之事就怀孕并生产了。作为一个宫女，这在宫中可是既令人感到羞耻、又会掉脑袋的事情。她又害怕、又恐惧，就把那孩子抱出宫廷扔掉了。

西周·女人之袍

小宫女扔掉骨肉的时候正是周宣王统治的中后期。这时候有一首童谣：“山桑弓，箕木袋，灭亡周国的祸害。”一天，周宣王在返回镐京的路上听到了这首童谣，说来也是凑巧，正好有一对夫妻在路边卖山桑弓和箕木制的箭袋。宣王看到后十分恐

惧，就叫侍卫去抓捕这对夫妻，要把他们杀掉。夫妇二人见情况不对，慌忙中逃入了大路边的树林。也许一切都是冥冥中的安排，夫妻两人为躲避周宣王的追兵，昼伏夜行，慌不择路。在密林中也不知道过了多久，在一个月色朦胧的晚上，一声声女婴的啼哭声打破了夜的寂静，惊飞了林中的鸟群，触动了两个可怜人的心。他们通过声音发现了被小宫女遗弃的婴孩，也许是因为同病相怜，两个善良的人收留了女婴。

夫妻两人怀里抱着女婴几经辗转，最后逃到了褒国。在褒国，夫妻两人含辛茹苦，生活虽然艰难，但日子还是一天天地熬过去了，女婴长成女孩，长成了如花似月、倾国倾城的美女。但战争打破了他们平静的生活。当时周幽王荒淫无道，派人四处搜取美女。西周褒国的封侯大臣褒珦出面进行劝谏，结果得罪了周幽王。周幽王兴师问罪，在强大的武力面前，褒国人屈服了，褒珦被逮捕下狱。褒珦在监狱里被关了三年，褒国的人一直在想办法营救他。经过仔细揣摩周幽王的心思，褒国人决定投其所好，向幽王进献美女赎罪，以换取褒珦的自由。经过一番搜寻，女孩被选中了。褒国人把她训练好了，打扮起来，把她当做褒国人，起名为褒姒。

褒珦很快就被赦免了，因为褒姒被送到镐京后，立即就得到了周幽王的宠幸。褒姒确实是太美了，她的美掩去了王宫内所有佳丽的光彩。周幽王在见到她的那一刻起，就被她静默脱俗的气质迷住了。也许是有着悲惨的身世，也许是因为对周幽王的厌恶，也许是因为天性的孤僻，褒姒在进入宫廷后一次也没有笑过。周幽王确实从心里喜爱着褒姒，他日日夜夜陪着她，在梦里也期待能看到那花容绽放。

为博得红颜一笑，周幽王传诏下去："无论是什么人，只要能让王妃一笑，立即赏金一千。"诏书一下，贪财好利之徒接踵而至，他们说笑话，装鬼脸，演滑稽戏，非但没有让褒姒一笑，反而让她觉得这些人恶心丑陋。这时喜欢投机的大夫虢石父给周幽王出了个主意，他说："先王为防备犬戎东下，曾在骊山一带造了二十多座烽火台，每隔几里地就是一座。西戎一旦攻来，戍边士兵只要点起骊山上的烽火，下一座烽火台上的守兵望见也会将烽火点燃，这样一座接着一座，很快就能让附近的诸侯看到警报，立即发兵来救。现在，天下太平，骊山上的烽火早就没用了。大

王为什么不和王妃到骊山去玩儿几天呢？到了晚上，我王把烽火点燃，火光映红天地，四方诸侯一见，一定会赶来，这样做既能让王妃一笑，还可以考验诸侯们的忠心，这不是两全其美的好事吗？”

昏庸的周幽王听后，马上就同意了，他却不知道，取得天下首先就要以信义为先。经过一番准备后，周幽王带着褒姒到达了骊山。大夫郑伯友听说后，进行劝阻，被幽王驳了回去。当天夜里，烽火狼烟散向九州，诸侯看见了烽火，果然从四面八方赶来，结果看不见犬戎的铁骑，却听见了城头上的乐曲声与女人的笑声——望着诸侯与将士们迷茫不解的眼神，兵戈交错、战马嘶鸣的混乱场景，褒姒终于笑了——她笑去了天子的威信，笑去了西周先王苦心建立起的牢固防线，为西周的灭亡埋下了伏笔。

二、镐京城破走洛邑

周幽王烽火戏诸侯后，四方诸侯愤然回师，西周天子的信誉从此扫地，王室与诸侯之间关系也变得更加疏远了。而因宠幸褒姒，周幽王更不惜废长立幼，破坏了西周长子即位的宗法制度，终酿成了身死国破的祸端。

这件事情要从褒姒初入宫廷时说起。古往今来，后宫争宠是司空见惯的事情，王后与帝王的新宠发生激烈的冲突也是家常便饭。褒姒进入宫廷不久，就和周幽王的王后——申后发生了激烈的冲突。在这一较量中，褒姒既是胜利者，更是凄惨的受害者。用一句话来概括，就是自己酿的苦酒自己喝。

那时，初得褒姒的周幽王，沉迷于她的美貌，终日与佳人在琼台缠绵，将正室申后早忘到了脑后，三个月里没有踏进王后宫中一步。申后马上就感到有些不对，叫亲信们一打听，才明白了事情的因果，一时醋劲大发，竟带着宫女们直闯琼台，想要处置褒姒。这来势汹汹的举动，险些要了褒姒的命。好在周幽王一直在褒姒身边保护，替褒姒解了围，才让这位不明宫中险恶的妙龄少妇化险为夷。褒姒与申后的斗争也由此开始。

从身份上说，褒姒初入宫时只是一个没有身份的宫女，更没有好的家世。她虽然是被褒国进献给幽王的，可毕竟和褒国人没有任何血缘关系，真要是有个什么危难，别说褒国只是一个小小的诸侯封国，起不了什么作用，就算是实力雄厚的封疆大吏，也不会管她的闲事。而申后就不同了，一来地位尊贵，以王后的身份母仪天下，更是朝中重臣申侯的爱女，

可说是一位既有根基、又有势力的人。褒姒能在这场斗争中暂时获胜，完全是因为有周幽王宠爱的缘故。

申后从琼台回到寝宫后，恰巧太子宜臼来探望母后。宜臼一看母亲的脸色就知道不对，问明原因，心里也十分不高兴。和申后商量了一下，决定给申后出气。第二天，宜臼带着一群宫女，趁周幽王早朝的时候跑到了琼台去闹事。一到琼台，宜臼就叫宫女们不问情由，乱摘花朵。琼台里伺候褒姒的宫女当然要出来阻拦，双方一时间摘花的摘花，阻挡的阻挡，吵吵嚷嚷，闹个不停。褒姒不明白究竟，自然从宫中走出来亲自看看。一直在旁边等待的宜臼怎么能放过机会，一看褒姒出来了，二话不说，上去抓住她的长发就是几拳。褒姒宫中的宫女们认出是太子，不敢上前，都一齐跪下磕头，大声喊着："殿下饶了娘娘吧！大王回来会不高兴的！"宜臼也怕把事情闹大，又打了褒姒几拳，骂了几句，带着一群人，趾高气扬地走了。宜臼很快就为自己幼稚的做法付出了代价。幽王回到琼台后，听了褒姒的哭诉，立即下令将宜臼送往了申国。大约一年后，褒姒生下了自己的儿子伯服。在褒姒的挑动下，幽王废掉了申后和太子宜臼，改立褒姒为王后，伯服为太子。就这样，经过一番后宫角逐后，褒姒暂时取得了胜利。

上面的这段记述在《周朝密室》与《东周列国》中都有类似的情节，多半是来自文人的艺术加工，未必是史实。不过褒姒与申后的冲突确实是真实的。《史记》中有："三年，幽王嬖爱褒姒。褒姒生子伯服，幽王欲废太子。太子母申侯女，而为后。后幽王得褒姒，爱之，欲废申后，并去太子宜臼，以伯服为太子。"可见，一场后宫争斗是确实存在的。

周幽王废除申后与太子宜臼的做法立即引起了诸侯的普遍不满。公元前 771 年，宜臼的母家申侯联合缯侯和犬戎兵力一起杀向镐京。申侯联军的攻击令幽王措手不及，他派人到骊山上点起了烽火。这一次，王畿附近的诸侯一个也没有来。幽王及太子伯服都在骊山脚下被杀，褒姒则被犬戎当做战利品掳回帐中供首领取乐。申侯与犬戎联合的初衷只是打算纠正幽王的错误，没想到却引狼入室，不仅幽王被杀，犬戎更赖在镐京城里大肆抢劫，不愿离开。无可奈何中，申侯只好暗自派人联络了晋侯姬仇、卫侯姬、秦君嬴开和郑伯友的儿子掘突，这样才击败了犬戎。据说犬

戎败逃时未能来得及把褒姒带走。褒姒深感羞愧，上吊结束了她充满是非的一生。

镐京被犬戎攻破，标志着西周的灭亡。周幽王死后，宜臼登上了王位，是为周平王。面对着被犬戎蹂躏得残破不堪的镐京，公元前770年，平王迁都成周，我国历史进入了东周时期。

点 评

西周的狼烟烽火结束了西周自己的“生命”，本来用做防御草原游牧民族入侵的通信体系却没有发挥其应有的作用，实在是一幕滑稽的闹剧。

其实无论是西周的烽火，还是后代的万里长城，抑或是第二次世界大战时期法国人的马其诺防线，都不过是人造的防御体系而已。古往今来，在战争上，有盾就有矛，再坚固的防御，如果戍守其上的人不懂得利用，或过于依赖，都会给对手制造出机会，使自己手中的“盾”不但失去了防御的作用，更成为麻痹自己的麻药。纵横一万多里的万里长城在中原地区社会动荡时，或君主帝王昏聩时，阻挡不住草原民族的铁马长弓；钢筋水泥的马其诺防线在法国人过分自信的心理下，在英法等国对德国法西斯的绥靖政策下，拦不住希特勒的装甲兵团。西周人本有岐山的保护，本有骊山上的烽火可以连接四方的诸侯，但周幽王却玩火自焚，点起的狼烟燃去了四方诸侯的信任，燃去了西周王朝的气数，燃尽了自己的生命。

再好的盾也罢，再坚固的城防也好，能否发挥作用，起到防护自己、攻击敌人的目的，关键还是要看使用者是什么样的人。周幽王只为红颜一笑，就可以拿天子的威严开玩笑，就可以不顾及天下诸侯的自尊，就可以劳师动众，将战争视为儿戏，犬戎不亡西周，上天恐怕都不会高兴吧！

相关链接

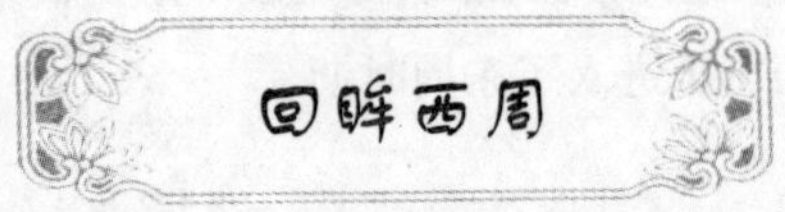

回眸西周

周武王灭商到周幽王亡国，从公元前 1046 年到公元前 771 年，西周王朝经历了近三百年的春秋，是中华历史上的一个重要时期，是中华古典文明的全盛时期。

周人原本是生活在中原西部黄土高原上的一个古老部落，他们的始祖弃传说是帝喾的后人，在帝舜时担任过农师后稷。夏朝时期，周人迁居到了草原地区，与戎狄人杂居，放弃了农耕生活。商朝中后期，由于受到游牧民族的侵袭，周人又在古公亶父的率领下迁到了岐山南边的周原，从此逐渐发展成为一个新兴的西部方国，然后开始“剪商”。古公的幼子季历继位后，发展生产，为商人戍守西部边疆，驱逐夷狄，力量更为强大。为防止周人作乱，商王文丁杀死了季历。季历死后，姬昌继位，即是周文王。周文王施行仁政，礼贤下士，大力发展生产，对外扩张势力，继续“剪商”。文王逝世时，三分天下，周人已有其二。武王即位后，继承了文王的遗志，以吕尚为师，周公旦为辅，召公、毕公等人为主要助手，于公元前 1046 年经牧野一战，成功地击败了商纣王，灭掉了商王朝。

武王建西周后，施行分封制度，大封功臣亲贵。吕尚封于齐、周公旦封于鲁、召公奭封于燕、叔鲜封于管、叔度封于蔡，总计分封诸侯七十一国，其中兄弟之国十五，同姓之国四十。武王在位两年就病逝了，其子诵即成王继位时年龄还小，又是天下初定，武王的弟弟周公旦为防止诸侯不服，行天子权，进行摄政。周公秉政七年，东征南伐，杀武庚、管叔，放逐蔡叔，收服殷商遗民，加强了王室对东方的统治，稳固了西周的国家基础。成王二十岁时周公还政给了成王，并奉成王之命营建了成周洛邑。洛邑建成后，成王在洛邑大会天下诸侯和四夷君长，将跟随武庚叛乱的

殷商“顽民”迁进了成周，以便控制。成王还曾亲自讨伐东夷，使东部得以安定。成王死后，康王继承先王的事业，勤于政事，平易近民，四十年不用刑罚，使西周社会进入了盛世时期。

西周王朝自第四代天子周昭王时出现了危机。昭王南征，在汉水身死师丧，给西周王朝造成了相当大的打击。周穆王继位后，为恢复周王朝的威望，新设太仆一职，作为太御众仆之长，加强了王朝对中枢的管理。他还制定了完善的刑律，以加强对臣民的控制。穆王西征犬戎，南摄夷人，讨伐荆楚，东平徐偃，大会诸侯于涂山，对边远民族的侵扰进行积极的防御，制止了掠夺。周穆王以后，由于周围戎狄的不断侵扰，共王、懿王、孝王、夷王四代，王朝陷入长期的战争之中，国力消耗很大，周朝渐渐衰微。为维持战争的需要，周王室加强了对人民的剥削，使得国内矛盾日益尖锐，一些贵族也开始破产，臣民们表现出了对现实的极其愤懑。

社会问题的长期积累，到周厉王时已陷入危机之中。周厉王不采取发展民生，安抚民众的措施，任用佞臣，垄断山泽之利，终于引发了国人暴动。公元前 841 年，在国人暴动中人民驱逐了周厉王，西周进入共和时期。共和 14 年，周厉王客死他乡，周厉王的儿子宣王即位，他整顿朝政，曾使周王朝有所复兴，但也无法挽救危局。

第十二代天子周幽王时，关中地区发生地震，三川枯竭，岐山崩塌，周幽王不恤灾民，反而更加奢侈腐化，为博得宠妃褒姒一笑，竟以烽火游戏诸侯。最严重的问题是，周幽王因宠幸褒姒竟然废长立幼，废去了王后申氏和太子宜臼，立褒姒为后，褒姒的儿子伯服为太子。申后的父亲申侯一怒之下联合缯侯和西方部族犬戎，举兵攻打镐京，在骊山下展开了战斗。结果幽王和太子伯服被犬戎所杀，褒姒先被掠走，后上吊自杀，自此西周灭亡。

第五章 西周社会

一、礼乐征伐出于天子

正如孔子评价的，在西周王朝统治时期，“天下有道，礼乐征伐自天子出”。正是“普天之下，莫非王土；率土之滨，莫非王臣”。王位的世袭制与宗法制度结合在一起，成为维系王室与四方诸侯的纽带；宗法制度又借助土地分封与礼乐征伐得以实践。四海之内，多是亲戚之邦，相互之间以礼为尊，上下分明，有效地维护了周王室在全国的统治秩序。

宗法制度是由原始社会晚期氏族内部的血缘组织关系进一步演变、发展的产物。“宗”字从“宀”从“示”，其本义是指宗庙。所谓的宗法，其实也就是宗庙之法。所以西周的宗法制，归根结底是一种规定宗族组织关系的社会制度。西周宗法制度的核心内容便是嫡长子继承制，但这并不是说西周一立国，嫡长子继承制就已经确立，这其中经过了一个过渡时期，在周成王时期才得以确立下来。西周王朝建立前，古公迁徙到岐山脚下，死后把君位传给了幼子季历；文王死后也是将君位传给了武王姬发，而没有传给长于姬发的伯邑考。这些都说明在西周初年，周人还没有建立起明确的嫡长子继承制。西周嫡长子继承制，是由周公制定确立的。他为了结束上层统治集团内部经常为争夺王权而造成的动荡，制定推行了王位嫡长子继承制。为了能让社会长治久安，他身体力行，摄政七年后，还政给了长大成人的成王，由此嫡长子继承制度得以确立。

嫡长子继承制度规定，家业世代由嫡长子承继。嫡长子所传下的宗族系统是大宗，拥有传宗继祖权力的嫡长子，就是宗子，继承后即是宗主，

是族人共同尊奉的对象。大宗的宗子在宗族中享有最大的权力，对整个宗族，拥有世世代代统率的权力，所以文献中也称大宗为“百世不迁之宗”。在周人的丧礼中，三年之丧是最重的丧制，一般是儿子对于逝世的父亲应尽的孝道。因为宗子继祖，肩负着传祖先丧祭的重责，父亲与宗子的关系，就不只是纯粹天然的父子亲情，还包括了对祖先的崇敬和维护家族统治的政治需要。所以宗子如果早死，他的父亲也要为他服丧三年。非嫡长子所建立的宗族称为小宗。小宗是相对于大宗而言，小宗的宗子，对本族五服以内的族人拥有统率的权力。五服是指：小宗宗子同父的兄弟、同祖的兄弟、同曾祖的兄弟以及同高祖的兄弟。高祖以外的兄弟，则不再奉他为宗子。所以小宗又称为“五世则迁之宗”。大宗是世代不变的，小宗则随着血缘关系的逐渐疏远而不断更新，五服之内，只能产生四个小宗。宗法制度是按照等级原则建立起来的一种宗族组织制度。在宗法制度下，周王是大宗，诸侯是小宗。在诸侯国内，嫡长子继承的国君是大宗，非嫡长子被分封为卿大夫，相对于诸侯而言，则是小宗。卿大夫的家内，嫡长子是大宗，其余则是小宗。对于非周王实封的旧方国以及庶人阶层，其内部也按照嫡长子继承的原则分别建立起大宗与小宗。故宗法制度所维护的，是大宗宗子，即周天子的绝对权力。

为维护宗法制度，西周社会以礼为尊。在西周时期，行使各项礼仪的时候，又常常需要有相关的音乐演奏，所以礼乐并称。西周是上古礼乐文明发展的鼎盛时期。礼乐贯穿于当时社会生活的各个方面。在西周社会中，即使是一个身份普通的人（奴隶除外），从其出生到其死亡，礼仪会伴随他走过他生命中的每一个重要环节。而在西周的国家政治与大众的日常生活中，礼乐更是无所不至：大到新王继位，诸侯朝觐天子，天子册命官员，军队出征或凯旋，以及朝廷选拔人才；小到乡人聚会，朋友见面，事事都讲求礼仪，都有相关的礼仪规范。

按性质划分，西周时期的礼仪，共分吉、凶、军、宾、嘉五类，其中比较重要的礼仪是冠礼、婚礼、丧礼、祭礼和射礼。

冠礼是指青年男子年满 20 岁时所举行的成年礼。冠礼前先要请巫师占卜，选定吉日。到了巫师确定的日期，冠者的父兄要邀请来宾作为青年

成年的见证，并请贵宾为青年加冠三次，依次为爵弁、皮弁和玄端，它们是一名成年男子参加祭祀、视朔和朝会所需佩戴的首服。一名已经成年的男子，也不能再使用幼时的名字，所以冠礼中还要有加冠者起字的礼仪。在周人的字中，一般都要有表示长幼次序的伯、仲、叔、季等字样。排定了长幼顺序，男子在宗法社会中的地位也就得到了确定，加冠者便正式成为了社会生活中的一名新成员。

娶妻成家是成人后男子的另一件大事，所以婚礼也是重要礼仪之一。西周时期的婚礼共有六道主要步骤，称为“六礼”。这六道步骤是：纳采、问名（即询问女子的私名）、纳吉、纳征、请期（指男方家族向女方家族约定结婚的日期），最后是亲迎。当然新媳妇初入夫家时，也要有一系列的仪式，成婚后的第二天，新媳妇还要先见公婆行见面礼，然后再举行庙见仪式，拜见列祖列宗。

西周时期的各项礼制中最为复杂的是丧礼的仪式。丧礼代表着一个人社会生活的结束。

在丧礼前，死者家属先要拿着死者生前穿过的衣服，登上屋顶，呼唤死者名字三次，做一个招魂仪式。招魂无效后，才开始办丧事。参加丧礼

男子的冠礼与女子的笄礼

的人，除死者的亲人、同宗族的兄弟及同乡之人以外，士大夫阶层的丧礼国君也要派人参加。死者的灵柩上摆放着写有死者姓名的“铭”，这样死者的魂魄才能有所依托。丧礼的主要仪式有小殓及大殓。小殓是为死者备衣物，大殓则是死者入棺。举行小殓与大殓，都有亲人的哭诵相伴，还要向死者进献食物，一如死者生时。士大夫以上阶层的丧礼，周王或国君要派史官赐给死者一个谥号和一段诔词，诔词历述死者主要的生平事迹，并寄托哀思。谥号是给予死者的一个最终定论。此外，参加丧礼的人也都有财物奉赠。

周礼对每一个细节都有明确的规定，这些具体的规定就是“仪”，而每一个细节又都有固定的象征意义。总之周代的礼制内容繁杂细致，有“经礼三百，曲礼三千”的说法。周人通过这些礼制表现着血缘关系与上下尊卑的理念。在这种关系下，周人被凝聚在了一起，国事家事结成一体。一个周人，从他的出生到死亡，一般都要经过生礼、冠礼、婚礼、丧礼及祭礼等，每一项礼仪都是由族群成员共同参加的宗族活动。在这些礼仪中，亲族关系得到了充分的体现。

二、西周的社会体制

西周王朝的社会体制，今天的我们只能推测出一个大致的轮廓，具体情况由于时间相距太过遥远以及资料的缺乏，已难以恢复全貌。

首先说西周的官制。官职世袭制，是西周官僚体制的一个重要特征。西周王朝的职官一般都要经过周王的册命，而这些被任命的官职也遵守嫡长子继承的宗法制度，如不被天子免职，一般多具有世袭性。《礼记·王制》中就说过："凡执技以事上者，不贰事，不移官。"也就是说，被周王任命的官员只要不犯错误，就是世代相袭，不会更换。

在周王室内，一般周天子用太宰、太师、太保辅助，处理国家军政大事。太宰负责日常政务，太师执掌军国大事，太保主持祭祀；太宰、太师、太保三职，合称三公。如西周初年，太宰周公、太师姜尚和太保召公，就是当时的三公。三公与其他直接辅助周天子执政的官员合称为执政卿士。执政卿士下是"百寮"。如处理行政事物的有卿事寮，管理文化事物的有太史寮，除此之外还有公族寮、作册寮等。

在三公、百寮外，西周的政治、军事和建筑政务的执行，具体交给"三有司"来完成。所谓三有司，就是司徒、司马和司空，也称三司大夫。司徒负责管理土地、人口和耕籍等事务，其下有虞、场、林、牧、司王囿、奠人、邑人、官犬、里君等；司马负责军事，如征收军赋，训练士兵，执行军法等，其下有走马、师、师氏、亚旅、司旗、司弓矢、虎臣等；司空则专门负责王朝各项工程的建造。西周王朝各诸侯方国的官僚

机构则几乎和中央一致，没有什么太大的变化。

西周时期的刑法体制较前代有了进一步发展。根据史料推测，西周时期的律法可能是在周穆王时得到完善的，这就是在前面已经提到过的《甫刑》。《甫刑》的大致情况这里就不再重复了。不过从《甫刑》的内容上看，尽管制定了各种死刑、肉刑，但与商代刑法比，还是减去了不少残忍的刑罚，而且会根据实施刑法的时间及地点的不同而变化，具有一定的弹性。西周时期法律制度的一个重要特征就是礼、刑并用，对“不孝不友”等违背宗法制基本伦理的行为，主张“刑兹无赦”，而且一般情况下还是能做到“明德慎罚”的。但西周刑法毕竟是维护统治阶层利益的法律，其法律“礼不下庶人，刑不上大夫”，也使其具有了鲜明的时代特点。

在军事上，西周王朝军队的最高军事编制是军，由五个师构成。不过由于当时的社会条件，在铭文材料中从没有见到过军的编制。一般出征战斗的单位是师。一师大约是两千五百人，师下是旅、卒、两和伍。一个伍为五人，五个伍构成两，“五两为卒，五卒为旅，五旅为师”。统领军队的武职官员自上而下是师氏、亚旅、千夫长、百夫长等等。周朝的兵种主要分为车兵和徒兵两大类。作战的时候，以战车为主，徒兵随车前进。周王直接控制指挥的军队有两支。一支是驻守镐京的西六师，专门负责保卫王畿的安全；另一支驻守在成周，称为成周八师或殷八师，主要负责监视宋、卫一带的殷商“顽民”和控制广大中原地区。两支部队共为十四师，是周王朝的主要军事力量。除西六师与成周八师外，周王还掌握着一支随时听从其调遣的禁卫军，称为虎臣或虎贲氏。这支部队是由王朝内最精锐的士兵组成，是一支常备部队。在周天子的南征北伐中，四方诸侯有责任提供部队参加，所以从某种角度说，诸侯的军队也可以看做是西周王朝的地方部队。

西周王朝的兵役制度，为“兵农合一”的体制，禁卫军以外的士兵都是战时为兵，平时务农。所有国人，都有义务参加王朝的军事行动。为提高士兵的战斗力，西周实行“三时务农而一时讲武”的军事训练体制，即春夏秋三季进行农业生产，冬季农闲时集中进行军事训练。训练成绩优秀的平民，就有机会被选拔为士，成为最低级的贵族。

西周时期“学在官府”，当时只有官府所办的官学，没有个人开设的私学。只有具有国人身份的人，才能够进入官学学习。学校分大学与小学两种。周人一般在八岁时入小学，学书写、计算、音乐等基本知识。到十五岁束发后进入大学，进一步学习礼、乐、射、御、书、数这六艺。西周时期，大学也称辟雍，大学一般建在四周有水环绕，附近有广大的园林的郊区。大学在当时不只是教书育人的所在，也是国人举行行礼、奏乐、集会、练武和聚餐的场所。西周时期，形成了两个非常重要的学说，即阴阳说与五行说。这两大学说可说是贯穿了中国传统文化的始终。

三、西周的农业与百工

西周时期的农业发展与土地制度关系密切。西周时期的土地制度是一种多层次的宗族贵族占有制。周天子是最高一层的土地占有者，天下土地皆归其所拥有。最高土地所有者，即周天子分封土地人口给各地诸侯及在王朝任职的卿大夫等人，形成了西周分封制度的第一个环节。各地诸侯及王朝的卿大夫将土地和人口再次分配，授予其诸侯国内的卿大夫，便完成了西周各阶层宗族贵族对土地的三层分封。各级贵族占有土地的最基层单位是邑、里和书社。《周礼·小司徒》记载："九夫为井，四井为邑。"一个贵族，往往能够占有数十乃至数百个邑。邑、里和书社，在文献中常被称为"采"。对采邑里的土地的分配、耕作和田赋的收取，西周沿用的是早在夏、商时代就已产生的"井田制度"。

"井田"一词是战国时期人们对西周时期土地制度的称谓，这是因为西周的农用土地在形状上一般都划定得比较整齐，连成一片，看上去都呈"井"字形，所以称为"井田"。井田制度是由原始社会末期的农村公社或家庭公社的土地制度演化而来的一种土地制度，到西周时期发展到了最完备的形态。《孟子·滕文公上》说："方里而井，井九百亩，其中为公田。八家皆私百亩；公事毕，然后敢治私事。"在井田制度下，土地分成公田和私田两种。所谓私田，就是指私人耕种的土地，产出的粮食归劳动者自己所有。至于公田，则是指由公社成员共同耕种的土地，其中的产出归占有这一地区的各级贵族所有。

民以食为天，西周的农业较前代有进一步的发展。周人已积累了较丰富的农业知识，开始注意选育良种、施肥、除草、防治病虫害及灌田和排水等。在农作物方面，周人种植的作物有黍、稷、粟、粱、麦、稻、菽，以及蔬菜、瓜果等。另外手工业所需要的桑、麻和染料作物的种植，在当时也较普遍。西周时期，周人所使用的主要农具是木制的耒耜，此外也使用骨铲、石铲、石犁、石刀、蚌镰等。铜制农具在西周时期也已经被使用，考古发掘中已有铜铲、铜镈、铜镐、铜锄等农具出土，但数量不大，这可能与青铜农具在不堪使用时即可回炉重造，以及在西周礼制中不以农具随葬等因素有关。当然，也可能铜制农具在西周时期还不是普遍使用的生产工具。

西周·汲水具

西周的商业与手工业也较为发达。但西周实行“工商食官”制度，在身份上，工匠和商贾都只是贵族的奴仆而已。由于商品经济不发达，商业与手工业者多依靠贵族，独立经营的人极少。西周的官府手工业得到了充分发展，有“百工”之称。所谓百工就是指具有各种技艺的工匠。西周时期的主要手工业有青铜铸造、制陶、制骨、制玉器、制革，以及木工、竹工、漆工、丝织等。

在西周的百工中，青铜铸造业最为主要。西周是青铜文明的鼎盛时期，

铸造技术在继承商代的基础上有所发展。周克商以后，周人把商人的技术工人接收过来，一部分赏给了分封的姬姓诸侯，周王室则保留了相当数量的技工。西周铜器的铸造，仍沿用晚商已发展的方法，包括制模、翻范及浇铸三个步骤，但无论是青铜器的器形还是数量都要比商代增多。西周时期主要的青铜器除礼器、兵器外，还有生产劳动中用的手工工具以及供贵族们享乐所用的生活用具和车马饰等。

西周的制陶业也有所发展。在陶器的制胚过程中，西周早期采用轮模合制的方法，到西周中期以后则改为快轮法，产品也趋于规格化，这种现象的出现和西周中后期商品贸易的增加有关。除了制作一般陶器外，原始瓷器的制作也有了进步。在西周早期，就已出现原始瓷器和带釉陶，陕西、河南、山东、河北各地的西周时期墓葬中都发现过原始瓷。在西周张家坡遗址中出现的原始瓷片，经过显微镜观察和 X 光透视，以及化学和物理性的测定，专家判断，这些原始带釉瓷的烧成温度已达 1200℃，硬度高，吸水性低，矿物组成已接近瓷器。

除青铜器与陶器外，西周的丝织业、骨器制造和玉石雕刻等手工业也各具特点。大约在西周后期，丝织业迅速发展，出现了复杂技术织成的、比较名贵的丝织物——锦。另外，西周时用麻、葛织成的布种类也很多，有些织物还被染成各种颜色，供贵族和特殊仪式时使用。骨器是周人日常生活中的普通器物。发笄、箭镞、骨铲，都是最为常见的物品。在西周时期的扶风云塘骨器作坊遗址中，竟然出土骨料和蚌制品重达两万多斤。玉石雕刻也是西周时期重要的手工业项目。贵族身上的饰物，礼仪使用的璧、圭、璋、琮、环、瑗等礼器，戈、斧、戚、刀等玉制兵器，都需要有专门制造的作坊工场。

西周的手工业号称百工，种类自然繁多，如一一简述，不免有些累赘。所以也就略述到这里。通过对西周农业与百工的简单了解，可见西周社会的物质文明已达到一定的水平，西周都邑内部，贵族与百工共生互倚，在某种程度上推动了商品经济的发展。

点　评

历史是纵流于时空中的长河，人是长河中的浪花一朵。伴随着花开花落，回眸昨天，是非成败，不过是颔首一笑。西周王朝在笔者的叙述中就要翻过去了，历史上的人物，文王也好，武王也好，厉王也好，幽王也好，他们的功，他们的过，他们的是，他们的非，都将如同一江春水，东流逝去。给你我留下的是雄浑，是悲叹，是兴奋，是惆怅。西周的风云人物，他们的身影模糊而缥缈。我们站在今天，试图捕捉，试图回味，可捕捉到的未必就一定是真实，回味到的也不一定是真理。人生即感悟，虽未必是真实，未必是真理，但在雾里看花之中，希望能得到一种朦胧的启迪。感受因人而异，而古今通理，如能以古为鉴，以人为鉴，便能以正其行。

相关链接

西周的主食与菜肴

周人以谷为主食。在黍稷稻粱、麦麻菽豆中，黍稷是周人主食中的主食。至于吃法，谷类可以粒食，也可以粉食。如果只是粒食，去皮扬壳后，用杵臼进行加工就可以了。杵臼在新石器时代就已经出现。要是粉食，就需要再用碾棒压谷成粉。因为石磨是西汉时期才有的，所以周人多是用碾棒加工谷物。做法主要以蒸煮为主，在平常人家里，煮饭是最为普遍的。周人煮饭，和今天的“干粥烂饭”差不多，说句大白话，就是“粥熬干了”。

至于周人餐桌上的菜肴，当然这里是说王公大夫们的宴席。在周代，我们今天所吃的牛、羊、猪、狗、鸡、兔、鱼等，都已经上了菜

谱。在《礼记》中，大夫的一次正式宴席上包括有腳臐膮、牛炙醢、牛胾醢、牛脍、羊炙、羊胾醢、豕醢、芥酱、鱼脍、雉、兔、鹑，真是很齐全！当然，在一次大规模的宴会上，并不是每一个人的餐桌上都是这么丰盛。身份不同，地位不同，享受到的待遇自然不同。最考究的自然是天子的饮食，用鼎所盛的肉食有牛、羊、猪、鱼、腊、肠胃、肤等。由天子以下依次递降，到士一级桌子上摆的就是羊、豕、鱼三样。

平民百姓日常的饮食又是什么样呢？当然不会有那么多的山珍奇味。在平民的生活中，鱼是接人待客的盛食。这可能是因为只要有水的地方就会有鱼，而牛、羊、猪、狗等家畜在当时多是为贵族饲养的，普通百姓并不能经常吃到。所以鱼就成了不同阶层的人都喜欢的美味了。

周代的餐桌上除了大鱼大肉外，蔬果也是不能少的。作为烹调的菜果主要有芥、蓼、苦、荼、姜、桂、葱、韭、薤、蘐。在《周礼》中就曾提到过韭菹、昌本、菁菹、茆菹四类蔬菜与肉酱相配的食用方法。当然一方水土养育一方人。蔬菜与牲畜不同，在交通不便利的古代，西周南北东西，地域不一，有些蔬菜只是某一地区所特有。如笋就只能在气候暖和的地方生长。至于瓜果，《礼记》“内则”中列出了芝、栭、蔆、柤、枣、栗、榛、柿、瓜、桃、李、梅、杏、楂、梨，可说是品种繁多。

周人的食物种类不算很丰富，饮食方式、礼仪的意义大于美食的口味。周人农业的水平较低，畜牧、园艺也不发达，所以饮食方面虽已是一种文化，但还不是十分进步。

第六章
周室衰微

一、平王东迁后的局势

公元前 771 年，申侯联合缯侯和犬戎一起攻破镐京，幽王和太子伯服均于骊山脚下被杀，西周自此灭亡。幽王死后，诸侯共立原太子宜臼即位，是为平王。平王继立初期，帮助申侯讨伐幽王的犬戎，在得到周室国库内的金银珠宝后仍滞留在镐京一带，肆意劫掠，不肯退归草原。同时虢公翰另立王子余臣为周王，与平王两相对峙，西周局势一时间动荡不堪。经过一段时间的战斗后，申侯在卫、郑、秦、晋等国诸侯的帮助下击败了犬戎，收复了镐京。但犬戎经镐京一役，熟识了周原地区的山川地理，成为时常骚扰周境的祸患。公元前 770 年，面对残破衰败的镐京，一方面为躲避犬戎势力对王朝的威胁，另一方面由于支持平王的申、缯等国都在东部地区，平王便在晋、郑、秦等国诸侯的支持下，放弃了宗周，迁都洛邑，东周由此开始。

习惯上，东周分为春秋和战国两个时期。从公元前 770 年平王迁都到公元前 476 年为春秋时期，从公元前 475 年到公元前 221 年秦始皇扫灭六国、统一天下为战国时期，“三家分晋”是春秋与战国这两个时期的分界点。不过需要说明的是，战国时期的时间跨度超出了东周王朝实际存在的时间范围。公元前 314 年，东周王朝的直辖区内发生分裂，形成了东周国与西周国。公元前 249 年，苟延残喘的东周国并入秦国版图。公元前 256 年，居西周国的东周王朝最后一位天子赧王逝世，周人的国家自此不复存在。这以后又过了三十多年的时间，战国时期才在秦人的武力下结

束，天下尽归于秦。

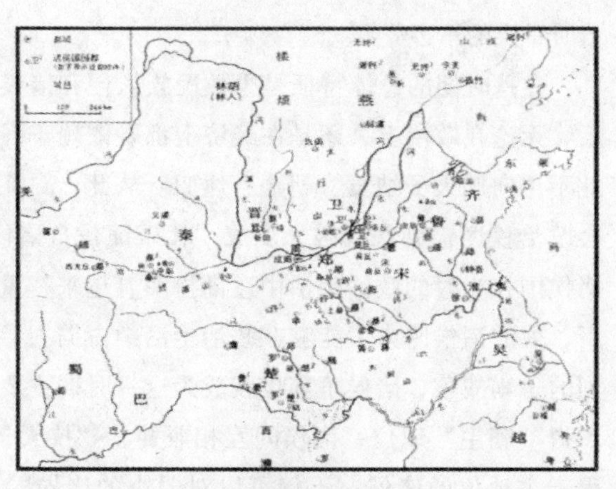

春秋形势图

“春秋”一词来源于鲁国的编年史《春秋》。其实周王朝和诸侯各国都曾写《春秋》记史，可惜现今只流传下了经过孔子修订的鲁《春秋》，其内容简要地记载了周王朝、鲁国及其他各国的事件。鲁《春秋》记载了从鲁隐公元年到鲁哀公十四年这 242 年间的历史，这与公元前 770 年平王东迁到公元前 476 年周敬王四十四年这一段历史时期大致相当，所以后人就习惯于用“春秋”一词来指称这段历史。

进入春秋，平王东迁洛邑，丧失了在宗周镐京地区的大片土地，周室所拥有的领土，东不到荥阳，西不过潼关，南不越汝水，北不过沁水，仅有六百多平方公里，力量不足以控制整个王朝，失去了对各方诸侯的实际号令权。不过在春秋初期，相对于尚未壮大的四方诸侯而言，周王室的实力还不算十分虚弱。然而随着时间的推移，王室的土地或被封赏给诸侯，或被诸侯蚕食侵吞，到春秋后期，王室仅局限在成周附近一块很小的区域内，拥有的土地面积只剩下一二百平方公里了。这一时期，诸侯大国的疆域已增至数千里，周王室在诸侯林立的天下，势力只相当于一个小小的诸侯国罢了，因此彻底被诸侯所摒弃。

春秋初期，大大小小的诸侯国有一百几十个，主要分布在中原地区的东部、南部、东南部及东北部一带。在这些大小不同、各行其政的诸侯国中，东周王室以东及东北地区，比较重要的有郑、宋、曹、卫、鲁、齐、邢、燕等国；西北主要是北部的晋国和西方秦国，这里更多的是戎狄等华夏族以外的少数民族；西南及东南地区则是许、蔡、陈、楚等国。另外，在今江浙一带还有吴、越两国和今四川东部地区的古蜀国，它们也都是

当时重要的军事势力。

春秋时期的总体特征是少数民族入侵和诸侯争霸。东周室迅速衰微后，无论在政治上，还是在经济上都要依赖于强大的诸侯国，诸侯国从此不再向周天子纳贡、朝觐、述职。从此，“礼乐征伐自天子出”的社会政治秩序被彻底打破，变成“礼乐征伐自诸侯出”。一些势力强大的诸侯国在当时的政治生活中逐渐扮演着越来越重要的角色。在这种局势下，大的诸侯国为了能够在政治生活中占据主导地位，相互间开始了激烈的争霸战争，诸侯争霸也就成为这一时期主要的政治现象。为了能够取得“霸主”地位，诸侯间互相兼并，“挟天子以令诸侯”，以至于取得霸主地位的诸侯，不仅可以对弱小的诸侯国，甚至会对周王发号施令。兼并战进行到春秋中期以后，随着诸侯势力的兴起，诸侯国内卿大夫家的势力也开始逐渐壮大。到春秋晚期，诸侯们也逐渐丧失了对于国家政治的主导权，如晋、齐等大国的实际权力旁落到卿大夫们手中，进而出现了“礼乐征伐自大夫出”，甚至一些卿大夫家的实际权力也开始丧失，转到家臣手中，出现了“陪臣执国命”的现象。可以说，春秋时期是政治权力中心不断下移的过程。

在春秋时期，由于秦、晋两国的生活地区有羌、翟、义渠、白翟、林胡、楼烦、潞氏、狐氏等少数民族。他们虽然不时对秦、晋两国的国家安全构成威胁，但总体说来，由于这些少数民族的文明发展程度都低于华夏诸国，便为秦、晋等国的发展提供了广阔的空间，使两国在春秋时期迅速壮大起来。楚、齐两国同秦、晋的情况相仿，都是在对周边民族的征伐兼并中不断壮大。经过近300年的兼并，到了春秋晚期，诸侯国的数量已经大大减少，形成了强国更强、弱国更弱的政治局面。春秋的兼并战争虽然残酷，但也促进了各民族之间的相互融合，推动了社会生产力的进步，一步步消除了华夏大地上的局部分裂，为战国后期天下统一，皆归于秦，奠定了社会基础。

二、繻葛一战，射散天威

春秋时期的诸侯争霸首先由郑国拉开序幕。郑国建立于周宣王二十二年。当时宣王把郑国封给了同父异母的弟弟友，是为郑桓公，郑国的基业从此开始。最初郑国的封地在今陕西省华县一带，西周末年，为躲避西周的内部动乱，郑桓公向今河南中部的虢、桧地区发展，在这里建立了新的郑国。犬戎攻破镐京时，郑桓公为保护幽王，在骊山脚下血战犬戎，终因寡不敌众，被乱箭射死。后来申、缯两国为驱逐犬戎，将消息通知给了郑桓公的长子掘突。掘突就是后来的郑武公。郑武公听说父亲被害，立即率大军为父报仇，在镐京城外与晋、卫、秦三国一起，击败了犬戎，并护送平王成功东迁。自此以后，周王室与郑国的关系变得非常密切，郑武公成为王室的执政卿士。

郑武公娶妻姜氏。姜氏共生有两个儿子。姜氏生长子时难产，孩子倒着生出，所以取名叫寤生。姜氏在生寤生时十分痛苦，由此认为寤生是她命中的灾星，从不喜欢他，而喜爱小儿子段。姜氏老在郑武公面前夸奖小儿子段，希望武公将来把郑国的君位传给他。郑武公却并不糊涂，他是眼看着周幽王因废长立幼而身首异处的，所以尽管自己也不太喜欢寤生，但还是按照宗法继承制度将君位传给了长子。

公元前743年，郑武公逝世，寤生即位，是为郑庄公。但姜氏仍然不死心，想要辅助小儿子段篡寤生的君位。为了能为段创造物质基础，她对郑庄公说："你现在是一方诸侯，而你兄弟也长大了，是否应该也给他一块封地呢？我看，你就把我国内的制邑封给你弟弟吧。"制邑在哪里呢？

其实，如果说出制的另一个名字，大家就清楚了。制又名虎牢，在今天河南省汜水县西，原本是东虢国的领地。郑国灭掉东虢国后，虎牢也就成了郑地。虎牢关，如同猛虎守关，一夫当关，万夫莫开，其地势险要，令人惊叹。姜氏要自己的小儿子段被封到这里，用意可说是昭然若揭。

郑庄公听后，心里也明白，但母亲说的话又不能当面拒绝，他只好说："制邑是郑国内最为险要的关隘。父亲在世的时候就说过，这个城是谁也不能封的。母亲可以在其他城池中任意选择一座，我一定会答应。"

姜氏碰了软钉子，没法子只好降低了标准，为段请封京城（在今天河南省荥阳县东）。京城也是郑国的大城，但郑庄公已经把话说出口了，就只好答应了。段被封到京后，郑国的大臣们立刻就提出了质疑，担心段会谋反。郑庄公也心知肚明，只是叹气说："这是母亲的意思，我做儿子的也不能不依啊。"

段到京后，反叛的迹象果然显露了出来。他一面招兵买马，一面操练军队，一面加筑城池，还收容了邻近地方的奴隶和逃犯，势力很快就壮大起来。郑国的大臣们看到了都非常担心，劝说郑庄公早日剪除段的势力，以防养虎为患。而郑庄公事实上已经有了安排，只是时机还没成熟，就对大臣们说："让段去做吧，多行不义必自毙，你们就等着看吧。"

没多久，段凭借武力又攻取了京城邻近的两座小城，势力进一步壮大。这时候，段认为时机已经成熟，便决定出兵夺取郑的君权。他事先给母亲姜氏写了封信，要姜氏打开城门，作为内应。姜氏收到信后很高兴，立刻给小儿子回了信。可段却没有想到郑庄公早就有了防备，截获了姜氏的信件。得到了准确的军事情报，郑庄公从容部署，假装去洛阳朝见天子，实际上却偷偷地绕了一个弯儿，带领两百辆兵车埋伏在京城附近，同时另派公子吕带一些士兵等待段出城后占领京城。一切部署完毕，就只等段上钩了。

段果然中计，他出城没走多远，就遭到了郑庄公的伏击，大败后撤，逃到京城又发现，京城早就被公子吕占领了。面对被两面夹击的被动情况，他只好奋力厮杀，终于杀出一条血路，逃到了共国，才算暂时保住了性命。郑庄公平定了段的叛乱，拿着姜氏曾经写给段的信，找到了母亲，

愤怒地将姜氏送到城颍，并起誓说："不到黄泉，我将再也不跟母亲相见。"意思是说终生都不会原谅母亲。

但仇恨与亲情的组合本身就是一种矛盾。时间可以冲淡仇恨，也会加深亲情。相当一段时间过去了，郑庄公思念起自己的母亲。可是君无戏言，说出去的话，怎么能收回呢？郑庄公正为这件事烦闷时，城颍的一个叫颍考叔的小官来到他的面前。

颍考叔是一个有心计的将才，他早就猜到了郑庄公的心思，于是抓了几只猫头鹰，作为供品献给郑庄公。郑庄公看到猫头鹰大大的眼睛后，也觉得很有趣，就问颍考叔："这是什么鸟？"

颍考叔回答说："这叫猫头鹰，白天瞧不见东西，黑夜里却什么都能瞧见，是一种日夜颠倒、不分是非的鸟。这鸟在小的时候，母鸟辛辛苦苦地将它喂大，可等它长大后，翅膀硬了，就会把母鸟吃掉。对于这种不义的禽兽，人人都应该将他们除去，所以我就把它逮了来，献给主上。"

春秋·玉雕人头

郑庄公听出了颍考叔话语中的玄机。沉默了一会儿，叹了口气，也不出声，只由着他说。等颍考叔说完，他叫人拿来一大块烤羊肉，赏赐给了颍考叔。颍考叔吃了几口后，把剩下的羊肉都包了起来。郑庄

公看着他的举动，觉得很奇怪，就问颍考叔原因。颍考叔说：“我家有老母，平时我们并不容易吃到这么好的羊肉，今天得主上恩赐，我怎么能独自享受呢?”

郑庄公听到这里，再也忍不住了，低下头说：“你真是个孝子啊！你能侍奉你的母亲，而我这个做主上的，又上哪里去奉养我的母亲呢?”于是就把心里的话和颍考叔说了。颍考叔听后，笑着说：“只要主上有这份心，这事情就不难办……”

几天后，颍考叔带着人在城颍城外挖了条地道，深得足可以看见地下的泉水，又在地道里布置了一个很大的空间，郑庄公和他的母亲姜氏，就在这深可见“黄泉”的地洞中重逢了。天下人知道这件事情后，都将其视为美谈。颍考叔也从此得到了郑庄公的信赖，和公子吕、公孙子都一起成为了郑国当时的名将。

郑庄公也承继郑武公的职位，继续担任着周王室执政卿士，但由于郑庄公不断地发展郑国的势力，王室的大权几乎全部掌握到郑国手中。周平王对这种状况既感到不安，也感到不满。为了摆脱王室的困扰，周平王便起用虢公与郑庄公一起执政，想要制衡郑人势力的发展，周郑之间自此紧张起来。周平王死后，周桓王即位。周桓王打算彻底排挤郑庄公。他提升虢公为王室的右卿士，降郑庄公为左卿士，使王朝的大权落到了虢公手中，到后来，干脆把郑庄公的左卿士职务也免了。

郑庄公可受不了这种窝囊气。他一连五年不再去朝贡周桓王，而且还派人将王室的庄稼收割了。诸侯敢收割天子的庄稼，这可是从来没有的事情，在宗法制度下，这无疑是大逆不道的举动。按周时礼制，诸侯不朝见天子，天子就有权予以讨伐，更何况还敢收天子的庄稼。公元前 707 年，年少气盛的周桓王不听虢公的劝阻，率周室六军与陈、蔡、卫等联军对郑进行讨伐。谁也没有想到，这一战，竟然决定了日后周王朝的命运。

郑人面对天子的大军，也并不是没有畏惧心理，毕竟以诸侯抵抗天子，于情于理都有很多不利的地方。但郑庄公又气不过周桓王免去自己职务的做法，结果还是做了抵御天子大军的决定。在战斗前，郑国人正确地分析了形势，他们采用了逐一攻击的策略。陈国君主新立，国内人心不

稳，郑军就首先攻击士气最弱的陈国，将陈军一举击破。随后郑军转攻蔡国，蔡国听说陈人已经败了，也无心抵抗，很快便瓦解了。最后郑庄公集中优势兵力在繻葛与天子的大军激战。交战中，郑国的祝聃一箭射中周桓王的肩膀，周桓王只好率军撤退。祝聃本还想进一步追击，但被郑庄公拦住了，下令收兵结束了战斗。繻葛一战以周天子的失败而收场。天子讨伐诸侯，反被诸侯射伤，虽然伤得不重，可终归还是忍气吞声地撤兵而还，这使得周天子的威风一落千丈，从此周王室再也没有能力对诸侯进行征讨了。繻葛之战的一箭，不仅射散了天威，也射散了人心，同时还揭开了春秋诸侯争霸征战的序幕。

点　评

战争是关系到生死存亡的大事，绝对不能意气用事，在战斗前必须要有足够的准备，正是知彼知己，方可百战百胜。周王室刚刚经历动荡，周桓王应该做的是尽力恢复元气，稳定社会政局，而不应盲目发动战争。古往今来，凡能力挽狂澜、擎起危局的人物首先就要能忍。他们知道什么样的人可以接触，什么样的人不可以得罪，一点点，一步步，慢慢积累实力，待时机成熟后，才一举击败对手。周桓王缺乏的就是这一点。

周桓王讨伐郑国，其实无论是胜利还是失败，都是得不偿失的举措。假如胜利，对周人本来已经有限的国力也会有相当的损耗；而失败的结果已经被历史所证实了。分析当时情况，周桓王就是一定要打，其实也是有百分之百的胜利方法。在出征前，虢公曾对他说，完全可以让其他诸侯去讨伐。这样一来，既可以有效地保存周王室的有生力量，又可以消耗其他诸侯的实力。实在想要出征，也可等到郑国的力量被消耗尽时，再亲自给予最后一击。然而周桓王年少气盛，不过是匹夫之勇，是不配做一个王者的。

先是幽王昏聩，后是桓王逞强好胜，全不能高瞻远瞩，衡量利弊得失，天下又怎么会不乱呢？

相关链接

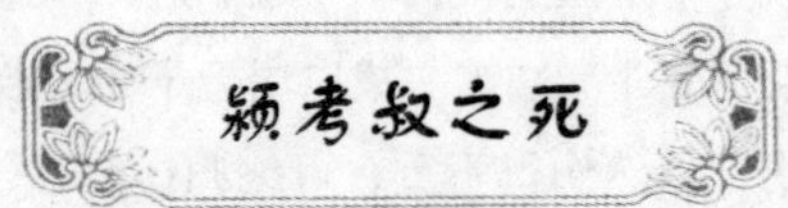

颍考叔之死

颍考叔是春秋初年郑国一位有胆识的军事将领，他头脑聪明，办事周到，但也因此招来了旁人的妒忌。

郑庄公曾假借天子的名义攻打过宋国。凯旋后，在庆祝大会上，群臣都十分高兴，赞扬郑庄公为诸侯之首。郑庄公听了也觉得很受用，只有颍考叔见了不住地摇头，郑庄公就问颍考叔缘由。颍考叔回答说："诸侯之首，上，必须尊重天子；下，必须要号令列国诸侯。主上伐宋，许国却不听从诏令，没有来，这怎么是能号令诸侯呢？"郑庄公听后，点点头，明白颍考叔说的是正确的。

公元前 712 年，郑庄公决定攻打许国。为显示威武，他做了一面锦缎的旗子，上面绣着"奉天讨罪"四个大字。旗长一丈二尺，宽八尺，旗杆有三丈三尺高，有上百斤重。郑庄公下令说："谁能拿着这面大旗走上一圈，我就派他做先锋，插旗子的兵车也一同赏给他。"

这可是莫大的荣誉，命令一出，将领们就都跃跃欲试。这时有一位黑脸膛、浓眉大眼的将军走了出来，大声说："我能！"众人一瞧，原来是一名叫瑕叔盈的将官。

只见瑕叔盈走到大旗前，一手拔起旗杆，紧紧握住，朝前走三步，往后退三步，又把大旗插在车上，连大气也不喘。将士们看后，都大声叫好。瑕叔盈听后也十分得意，正要把车拉走，忽听有人说道："光是拿着走三步，不算希罕。我能拿着这大旗当长枪耍！"说话人正是颍考叔。

颍考叔说完，走到大旗前，果然拿起旗杆，将大旗挥舞得哗啦啦直响，众将看得目瞪口呆。有这样神勇且有智谋的将领在，郑庄公自然格外高兴，夸赞颍考叔说："你可真是像老虎一样的将军啊，一定当得起做先

锋的重任！车子归你了。”郑庄公的话音刚落，一位英俊漂亮的少年将军就走了出来，斜眼看了一眼颍考叔，高声说：“这种事情我也行！把车子留下！”来人名叫公孙子都，是个贵族，为人骄横惯了，一向瞧不起小吏出身的颍考叔。

郑庄公已把车子赐给了颍考叔，现在突然蹦出个公孙子都，这颍考叔又是个武人，当然不会答应。颍考叔见公孙子都来抢，干脆一手拿着旗子，一手拉着车，飞快地跑开了。公孙子都也急了，拿着方天画戟直追了上去。最后还是郑庄公下令才把他们劝开。

这年七月里，郑庄公拜颍考叔为大将，公孙子都和瑕叔盈为副将，率军攻打许国。这公孙子都自颍考叔抢了风头，心里就一直不高兴，现在又要给颍考叔做副将，嘴上不说，气却早上了喉咙。在攻许的战斗中，公孙子都自己单独带领一支兵马，根本不听颍考叔的指挥。而颍考叔受到重用，自然格外卖力，身先士卒，率领郑国军队经过几次冲锋后，自己首先登上了城头。这些都被公孙子都看在眼里，他一见颍考叔先他登城，妒火中烧，再也压不下去，竟趁众将齐心攻城的机会，向颍考叔偷袭，一箭正中颍考叔后心。一代名将就这样连人带旗子，一个跟头从城头上摔了下来，死去了。

第七章
春秋争霸

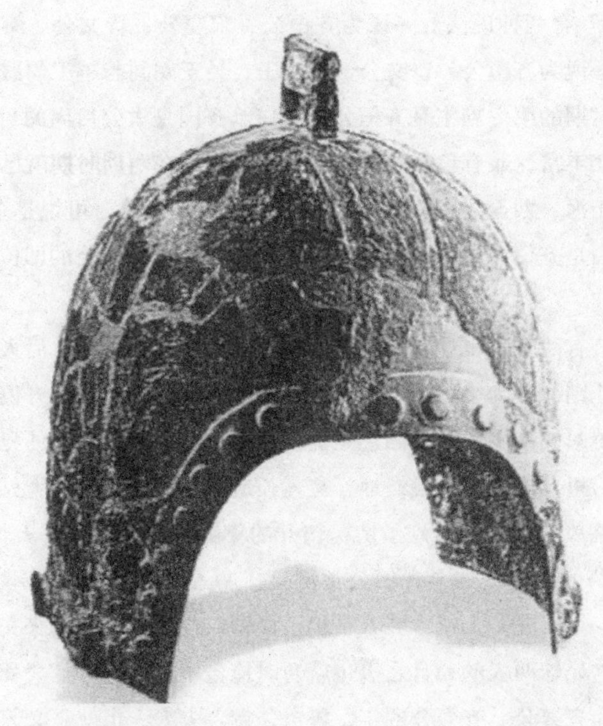

一、第一霸主齐桓公

郑庄公被称为“春秋小霸”，在他死后，郑国发生内乱，从此衰落。郑庄公以后，真正称雄华夏，称霸一方的是“春秋五霸”。历史上，对于“春秋五霸”有两种说法。一说为齐桓公、宋襄公、晋文公、秦穆公和楚庄王；另一说为齐桓公、晋文公、楚庄王、吴王阖闾与越王勾践。

春秋时期的第一霸主是齐桓公吕小白。齐国是太公吕尚的封国，土地肥沃，物产丰富，兼有鱼盐之利，十分富饶，早在西周时期就已是东方大国，东至于海，西至于河，南至于穆陵，北至于无棣，可说是东方强邦。齐桓公小白是齐僖公的庶子，齐襄公的弟弟。说到齐桓公的即位，还要从齐僖公说起。

齐僖公有两个生得貌美如花的女儿。大女儿嫁到卫国，后人称为卫宣姜，二女儿则被称为文姜。事情是从文姜这里开始的。原来齐僖公的长子诸儿比文姜只大两岁，是个酒色之徒。他与文姜是同父异母的兄妹，从小就一起在宫里玩耍嬉戏。慢慢地，文姜长成了个如花似玉的大姑娘，诸儿也是玉树临风，两人都已到了情窦初开的年龄。这兄妹俩整天耳鬓厮磨，又都是放荡的性格，加上齐僖公觉得兄妹两人的过分亲密，不过是相互关心而已，终铸成了大错，二人干出了违背人伦的事情。后来文姜嫁给了鲁桓公，这兄妹两人的苟且之事也就暂时掩盖了过去。齐僖公死后，诸儿即位，是为齐襄公。齐襄公四年，鲁桓公带着夫人，也就是文姜来到齐国访问。可没想到这兄妹两人竟不顾大局，相互私通，结果被鲁桓公撞了个

正着。鲁桓公大怒，为了照顾到两国的面子，虽然没有立即发怒，但已决定要处置文姜。文姜得知消息后就跑到哥哥齐襄公这里求救。齐襄公一看事情已经败露，干脆来了个杀人灭口。他假装设宴款待鲁桓公，先将鲁桓公灌醉，后又让力士彭生将鲁桓公抱上马车，在车内将鲁桓公拦腰拉拽致死。一国之君竟然莫名其妙地死在了齐国，这还了得，鲁国人马上就提出了抗议，要求齐国给一个公道的说法，战争一触即发。齐襄公为平息众怒，向鲁国人谢罪，将罪责都推到了彭生身上，将彭生杀死，再一次逃脱了惩罚。

齐襄公的昏聩，使得齐国的政治混乱，纲纪松弛。这让齐国的两位贤臣看到了内乱的踪影，他们就是鲍叔牙与管仲。鲍叔牙与管仲认为齐襄公的无道行为一定会引发动荡。为了保全齐国的社稷，两位贤臣商定，鲍叔牙辅佐公子小白，管仲辅佐公子纠，分别逃到了莒国和鲁国。事情果然像鲍叔牙与管仲预料的那样，公元前686年，公子无知发动叛乱，杀死了襄公，自立为君。不久公子无知又被大臣除掉。鲍叔牙与管仲在国外听到消息后，都想要辅佐自己的主上赶回齐国准备继承君位。与莒国比，鲁国距离齐国远一些，为了能让公子纠成功即位，管仲从鲁国借来士兵，先行出发，在路上，管仲堵到了公子小白，拉弓就是一箭。随着“嗖”的一声，公子小白大叫一声，倒在车里。站在一边的鲍叔牙脸都吓白了。管仲以为小白已死，就又回到鲁国，带上公子纠放心地返回齐国。可他

《春秋》书影

却不知道，那一箭并没有射中公子小白，而是恰巧射中了他的带钩。等管仲来到齐国时，才发现在谋臣鲍叔牙的帮助下，小白早已夺得了君位，这就是齐桓公。

齐桓公即位之后，在乾时击败了鲁国军队，迫使鲁人处死公子纠，交出了管仲。齐桓公能够成就霸业和他的心胸有很大关系。他并没有报管仲的一箭之仇，而是接受了鲍叔牙的举荐，任命管仲为相，辅佐自己治理国家，使齐国迅速崛起，踏上了争霸的道路。

管仲曾经经过商，了解社会状况，是一位出色的政治家，他担任齐相后，对齐国内政进行了大规模的改革。其内容主要有三项。一是为了改善齐国的经济秩序，有效地增加政府的财政收入，管仲整顿了地税征收，将国土根据田地土质的好坏与产量的多寡分成若干等级，然后按照等级的高低，征收不同数量的田税。二是为增强齐国的经济及稳定社会秩序，管仲调整了行政管理办法，将都城及其附近划为二十一乡，商工六乡，士农十五乡，使士、农、工、商“四民”各自定居，不杂处，不随便迁徙和转变职业。三是管仲规定士农十五乡每乡两千户，每户必须出卒一人，共两千人，五乡需出士卒一万人，组成一军，十五乡组成齐国的主要战斗力量——三军。三军将士，平时可从事农业生产，农闲时则需进行军事训练。这样齐国就拥有了一支稳固的强大军队。管仲的这些举措加强了齐国的经济力量与军事力量，齐国的国力日益强大，齐桓公的霸业由此展开。

齐桓公称霸战争中的第一仗并不顺利。齐鲁两国相邻，同是山东地区的大国，所以齐国欲称霸，就必然要与鲁国发生争执。再加上因鲁国帮助公子纠即位，在乾时被齐国击败，由此齐鲁两国结仇，一场战争也就不可避免。公元前684年，也就是齐桓公在位的第二年春天，齐桓公不听管仲劝阻，拜鲍叔牙为大将，轻易率兵伐鲁，由此爆发了齐鲁长勺之战。在长勺之战中，齐强鲁弱。但鲁庄公面对强齐，起用了名不见经传，却足智多谋的鲁国人曹刿，结果使战争形势发生了逆转。齐、鲁两国的军队在长勺摆开阵势。鲁国在军事上虽处于劣势，但鲁庄公听取了曹刿的意见，避免与齐军的锋芒交锋，待齐军三鼓，气势削弱后，鲁军“后发制人”，一鼓作气，取得了战争的最后胜利。

齐桓公虽在长勺吃了败仗，但并没有伤及元气。齐桓公回国后，向管仲认了错，听取管仲的建议，齐桓公在柯地与鲁庄公会盟，同鲁国讲和休战了。柯地会盟时，因鲁国人曹刿勇劫齐桓公，齐国把乾时一战中夺得的鲁国土地也都归还给了鲁国。取得外部和平后，齐国整顿内政，发展生产，只用了三年时间，势力变得更加强大。为了称霸诸侯，齐桓公采用管仲的建议，打出了“尊王攘夷”的旗号，挟天子以令诸侯，在政治上争取主动，使得齐国南征北讨的行为变得师出有名。齐国的国力雄厚，是齐国外交的基础。在外交上齐桓公采取“轻其币而重其礼”的政策，对服从自己的诸侯都以隆重的礼节相待，而不对他们征收大量的贡物，将众多的诸侯拉到了齐国的阵营中。公元前 681 年和公元前 679 年，齐桓公根据管仲的分析，以“尊王攘夷”为名，先后两度与宋、陈、卫、郑、蔡、郑等国分别会盟，订立了盟约。盟约规定：尊重天子，扶助王室，共同抵御外族，帮助弱小的和有困难的诸侯。通过盟约，齐桓公在东部地区的霸主地位得到确立，开始在诸侯政治中扮演越来越重要的角色。

公元前 664 年，北方少数民族山戎侵燕，燕国向齐国告急。公元前 663 年，齐国的大军到达燕国，而这时山戎在抢掠了一批壮丁、女子和财物后，早撤回到北疆地区。管仲说：“山戎诡诈，见我们来了，他们就先跑了，等我军撤回，他们必定会回来，今天既然来了，就一定要为燕国彻底解决问题。”齐桓公也表示同意，于是大军继续前进。

燕庄公听后十分感激，要求带领燕国的人马作为前队。齐桓公说：“贵国刚跟山戎苦战，还是放在后队吧。”

燕庄公听了更加尊重齐桓公，他激动地说：“离燕国八十里，有个无终国，跟我国一向很好。可以请无终国出兵帮助我们，这样我们就有向导了。”齐桓公派使者带着礼物去请求无终国的国君。无终国果然答应，派了一队人马赶来支援。有了无终国的帮助，齐桓公很快就击败了山戎。山戎王密卢率残余部民逃到孤竹国，想要借兵报仇。齐桓公和管仲经过分析后，果断地决定乘胜追击，再征孤竹国。三国联军继续北上，在孤竹国附近碰到了山戎王密卢和孤竹国的大将黄花的联军。这是一场遭遇战，经过激战后齐桓公取得胜利。当天齐桓公就地安营，打算休息一夜，第二

天再攻孤竹国。谁知这天夜里孤竹国大将黄花杀死了山戎王密卢，向齐桓公投降了。从黄花口中，齐桓公得知，孤竹国国主答里呵已带领部民逃往沙漠。第二天，齐桓公进了孤竹国，留燕庄公守城，自己率齐军继续追击答里呵，黄花则作为向导在前头带路。齐军走了一天的路程，走到一个叫迷谷的地方。在迷谷中，齐军走了很久，可怎么也走不出去。齐人去找降将黄花问路，黄花竟然也不见了！齐桓公和管仲这才知道是中了敌人的“苦肉计”。

管仲看了一下四周的形势，冷静地说：“我听说北方有个‘旱海’，能让人迷失方向，恐怕就是这里，看来只能先撤回去了。”于是齐军开始撤退，但依旧是走不出去。大军久困迷谷，如果后路再被敌人偷袭，那可就有全军覆没的危险了。就在这危急时刻，管仲猛然想到动物有认路识家的本领，便找了几匹老马，让它们领路。马通人性，这几匹老马知道主人的意图，它们还真就识途，领着大队人马出了迷谷，回到原来的路上。

齐军走出迷谷后，果然听说燕国已被孤竹人击败的消息。于是齐桓公趁敌人还不清楚己方已走出迷谷的时候，对孤竹人发动了奇袭，经过一夜苦战，灭亡了孤竹国。齐桓公平定山戎与孤竹国后，将这一带五百多里的

老马识途

土地都分给了燕国，燕国从此也强大起来，到春秋后期变成了一个北方大国。

齐桓公救助燕国，打败山戎后，在诸侯国中的地位明显提高。齐桓公十五年，他的霸主地位在诸侯中得到了真正的确立。公元前660年，北狄侵犯卫国。卫懿公喜欢养仙鹤，不理国政，还把仙鹤分了等级，让仙鹤享有大夫一样的待遇。卫懿公的倒行逆施引起了国人共愤。北狄杀来时，卫懿公惊慌失措，要集合军队，将士们不但不拿兵器，还和百姓们一起高呼："您那么喜欢仙鹤，我们算什么，您还是吩咐鹤去上阵吧。"将士与百姓的怒吼声，惊醒了卫懿公，他此时才明白自己过去是多么的愚蠢，可惜一切都已经太晚了。尽管他向百姓公开道歉了，尽管百姓也原谅了他，尽管他率领全军身先士卒，与北狄进行了殊死搏杀，但卫国还是被攻破了，卫懿公在乱军中被砍成了血肉模糊的一团。齐桓公得知卫国国破人亡的消息后，派大将公子无亏带领一队齐军到达卫国，帮助卫国重新筑城，立了个新君卫文公，保存了卫国的社稷。齐桓公救困扶危的行为，使其威信大增，得到了更多诸侯的拥护。

就在齐国在中原地区确立霸主地位的同时，长江以南的楚国也在日益强大。楚国不断北侵，将西周王朝时期分封在汉水一带的诸侯国逐一兼并。为争雄中原，楚国进一步向北扩张，将矛头直指郑国，直接威胁到中原诸侯各国的安全。公元前650年，齐桓公率齐、宋、陈、卫、郑、许、曹等国的军队伐楚，楚国毫不示弱，出兵迎击，齐楚两军对峙于陉。齐国派使者责问楚国为什么不向王朝进贡苞茅，以及西周昭王南征不归的原因。楚国使者承认了己方应为没有贡献苞茅而负责，但对昭王南征的缘由则要齐国去向汉水询问，同时表示，如果齐国想用武力压服楚国，楚国一定会固守汉水天险，与之周旋到底。最后，齐楚双方在召陵订立了盟约，各自撤军。"召陵之盟"使齐桓公向楚国展示了中原诸侯群体的强大，遏制了楚国北进的势头，并巩固了齐国的霸主地位。公元前651年，周王室发生内讧，齐桓公帮助太子姬郑巩固了地位。太子即位后，是为周襄王。周襄王为报答齐桓公，特派使者把祭祀太庙的祭肉送给齐桓公，算是一份厚礼。齐桓公借机在葵丘大会诸侯，参加会盟的有齐、鲁、宋、

卫、郑、许、曹等国的国君，连周天子也派了代表参加，盟约申明：凡同盟的诸侯，既盟之后，言归于好；共修水利，互防水患，不准把邻国作为倾泻排洪的地方；邻国有灾荒时来买粮食，不应该禁止。齐桓公作为盟主，其霸主地位得到了充分的肯定。

“葵丘之会”标志着齐桓公的霸业达到了顶峰。遗憾的是作为一代枭雄的齐桓公，在晚年却宠信易牙等奸臣，以致引祸上身。易牙是一个为了攀附权贵，无所不用的人。齐桓公称霸后，开始了养尊处优的生活，时间久了，什么也吃不进去，总想寻找些刺激的口味。易牙摸透了齐桓公的心思，为了赢得齐桓公的信任，竟然杀死了自己的幼子，进献给桓公食用。这时候，管仲已经有病在身，他在病榻中对齐桓公说：“没有人不喜爱自己的儿子，易牙能忍心杀死自己的亲骨肉来向你谄媚，这种人又怎么会真心爱戴你呢?”

齐桓公这时已经拜管仲为仲父，对管仲的话多少还是听一些的，于是驱逐了易牙等人。但管仲死后，齐桓公在离开易牙的三年中吃什么都觉得不是滋味，还是觉得易牙为自己做的饭菜好吃，就又把易牙重新找了回来。公元前643年，齐桓公生病，易牙等人趁机作乱，堵住宫门，在宫廷周围筑起高墙，断绝了宫内与外界的联系，将齐桓公活活地饿死了。齐桓公临死前，痛苦地说：“圣人真是有远见啊！如果死去的人知道今天发生的事情，我死以后还有什么脸去见仲父啊！”说完用衣裳盖住脸死去了。齐桓公死后，两个多月里，宫外没有人知道消息，任尸体腐烂生蛆，惨不忍睹。春秋第一霸主以这种方式结束了自己的生命，实在让人叹息。齐国的霸主地位也随着齐桓公的死亡宣告终结。

二、愚蠢的宋襄公

齐桓公以后，想要建立霸业的中原诸侯是宋襄公兹甫。宋襄公从来没有称霸成功过，只能说他是一个志大才疏、过于迂腐的滑稽枭雄。宋的都城在商丘，春秋时期的疆域主要在今河南、山东及安徽三省交界的地方，地处中原各国通往东南地区的交通要道，其战略位置非常重要。宋是殷商遗民建立的国家。齐桓公死后，齐国内乱，丧失了统领中原诸侯的能力。在这种局势下，宋襄公就想接替齐桓公的角色，成为新的霸主。也许宋襄公的出发点是好的，可他却忘记了自己身为殷商后人，很难得到广泛的姬姓诸侯的支持。

齐国发生内乱后，齐太子昭就逃到了宋国，向宋襄公求助。宋襄公立即通知各国诸侯，请他们共同护送公子昭回齐国接替君位。可因为宋国的势力本身就不是很强，又是殷商后人，所以只有卫国、曹国、邾国三国响应了宋襄公的号召，多数诸侯都对宋国的通知置若罔闻。宋襄公率领四国的兵马出兵齐国平叛，很快就击败了争夺君位的四位公子，帮助齐太子昭顺利继承了君位，是为齐孝公。齐国本来是诸侯的盟主，宋襄公助齐孝公夺得了君位，宋国的地位自然得到提高。于是宋襄公就有了成为新霸主的想法。

宋襄公雄心勃勃，辅助齐孝公继承君位后，他又以新霸主自居，惩罚了不听从自己指挥的滕、鄫和曹等小诸侯国。但诸侯对他的做法并不买账。公元前641年，鲁、陈、蔡、楚、郑、齐等国在齐国会盟，对齐桓公

表示怀念，“修桓公之好”。在这样重要的会盟中，却把自认为是新霸主的宋襄公排除在外，宋襄公在诸侯心目中的地位由此可见。可宋襄公仍不死心，为了当霸主，他便想到借助大国的力量去压服小国。于是宋襄公决定联络楚国，认为要是有楚国同自己联合的话，就可以镇服中原诸侯了。他把这个想法跟大臣们说了，宋臣公子目夷不赞成，他对宋襄公说：“宋国是个小国，想要当盟主，是不会有什么好处的。而楚君一直都虎视中原，如果主上一定要见楚君的话，就多带些兵去吧。”

宋襄公不听，公元前639年，他为谋求楚、齐的支持，邀请两国国君到鹿上会盟。因宋襄公对齐孝公有恩，齐孝公就同意了。可楚成王虽表面上答应了，却在会面地点事先布下了伏兵。宋襄公临行前，公子目夷再次劝他要多带一些兵，以提防楚成王，可宋襄公却说：“我们会盟的目的就是要不再打仗，怎么能自己倒带兵去呢？”结果，宋襄公到了会盟地点，与楚成王在大会上发生了争执。楚成王提出要自己做盟主，宋襄公当然不答应。楚成王脸一翻，事先布下的伏兵杀出，一拥而上，把宋襄公抓了起来。事后，还是多亏有鲁国和齐国出面调解，让楚成王做了盟主，宋襄公才被平安地放了回去。

遭到这次沉重打击，宋襄公并不接受教训。这时，在楚国的攻击下，郑国倒向了楚国。宋襄公便决定先拿郑国出气。公元前638年，宋襄公出兵攻郑。郑国向楚国求救，楚成王反派大军直攻宋国本土。宋襄公接到消息，立即回师，在泓水与楚军相遇。战斗开始以前，宋军已先在河岸摆好阵势，而楚军正在渡河。这时战争的优势本来是在宋国这一边的。宋国的司马子鱼建议宋襄公趁楚军渡河未毕立刻发动攻击，但宋襄公不同意，理由竟然是自己代表着仁义之师。等楚军渡过泓水后，紧急列阵，司马子鱼又一次向宋襄公建议趁楚军立足未稳，立即进攻，宋襄公仍是以“仁义”为先，不予采纳。一直等到楚军做好了战前的一切准备，宋襄公才下令出击。可宋楚两军众寡悬殊，宋军根本不是楚军的对手，宋襄公自己在战斗中，大腿也中了一箭。

宋襄公的战法令世人感到哭笑不得。宋军在泓水一仗中损失惨重，国人都埋怨宋襄公愚蠢，可宋襄公却说：君子在战场上不会去伤害一个已

经受了伤的敌人，不会去俘虏敌军中的老人，也不会依仗地势的险要去伏击敌人。我虽然只是殷商亡国之余，还算不得什么君子，但也不会去进攻一支没有排列好的军队。

公子目夷对宋襄公的战法实在忍不住，气愤地说：“打仗是为克敌，如果怕伤害敌人，还不如不打，要是碰到头发花白的老人就不抓，你干脆让人家抓走算了。”宋襄公这种既想称雄、又满肚子酸腐的人实在是不能适应春秋争霸的残酷现实。他回国不久，就因箭伤发作死去了，他那些腐朽的思想也随着他的死被带进了坟墓。不过宋襄公临死前的嘱咐倒是很有识人之明，他对太子说：“楚国是我们的仇人，永远不要和他们来往，我看出晋国的公子重耳是世间的真英雄，现在他虽在外面避难，但只要他能够回国，将来一定会成为霸主。你要好好地跟他交往啊。”宋襄公死后，中原地区一时失去了凝聚诸侯的重心，诸侯们都纷纷倒向了楚国。

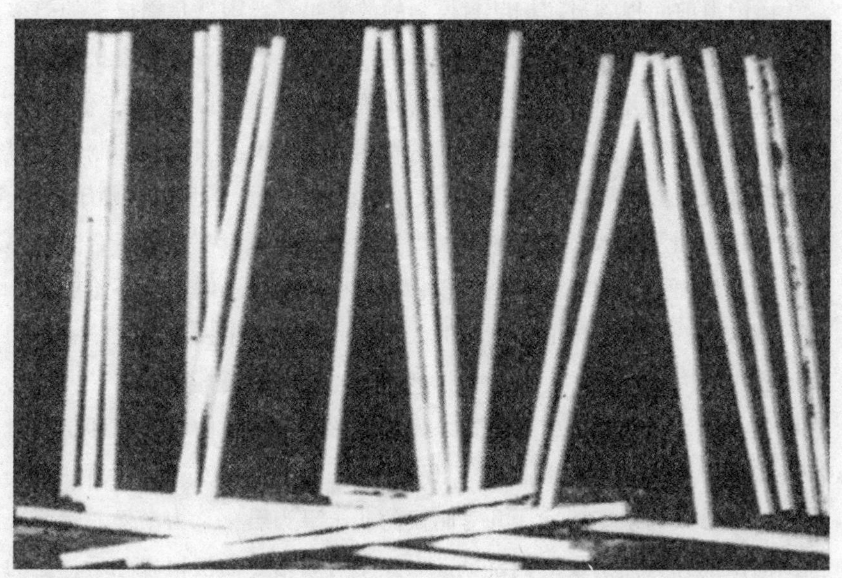

春秋·象牙算筹

三、过花甲而称霸的晋文公

正像宋襄公说的，公子重耳确实是人中之龙。继齐桓公后，真正成就霸业的正是这位流亡在外，已年近六十，两鬓斑白的晋国公子——他就是后来的晋文公。

还记得前面提到过“桐叶封侯”的故事吗？晋国就是周成王的弟弟姬虞建立的国家，而初封时晋国的名字是“唐”。晋国地处戎狄杂居之地，是唯一不使用西周井田制度的诸侯国。原本晋国并不是一个强国。东周初年，王室东迁，在西北地区的晋国与秦国没有了王室的制约，得到了充分发展。晋昭侯元年，封晋文侯的弟弟，五十八岁的成师于曲沃，后人称他为曲沃桓叔。曲沃的发展与繁荣程度在当时都超过了晋国的都城翼。曲沃桓叔在曲沃又广施仁政，很快就取得了晋国上下各阶层人士的一致认可，得到了人心。当时的人说：“晋国如果发生动乱，一定和曲沃有关系。末大于本，而且又得到了民心，不乱还等什么啊！”果然，晋昭侯七年，晋大臣潘父弑君，杀死了晋昭侯，要迎曲沃桓叔即位。曲沃桓叔还没到达晋都，就被晋人出兵击败了，桓叔只好又退回到曲沃。这以后，晋人诛杀了潘父，共立昭侯的儿子平为君，是为孝侯。然而晋国因曲沃的强大而引发的内乱就此一发不可收拾。曲沃桓叔死后，他的儿子鳝继位，史称曲沃庄伯。晋孝侯十五年，曲沃庄伯发动叛乱，在晋都翼杀死了晋孝侯。晋人再次击败了曲沃庄伯，庄伯和他的父亲一样逃回到曲沃。晋人又立孝侯儿子郄，是为鄂侯。晋鄂侯只在位六年就逝世

了。晋鄂侯一死，曲沃庄伯马上出兵攻晋。这一次，周平王亲自出面，派虢公率兵讨伐曲沃庄伯，才挽救了晋国翼都的危机。曲沃庄伯见天子大军压境，便迅速退回到曲沃，死守城池不出，再一次化险为夷。晋人则立鄂侯子光，是为哀侯。

曲沃庄伯死后，其子称成为了曲沃的新主人，他就是曲沃武公，也就是后来的晋武公。曲沃武公时期又与晋国宗室进行了长达三十七年的战争。周桓王在繻葛一战中天威丧尽后，丧失了征伐诸侯的能力，晋国宗室也就失去了最有力的保护。最后在周釐王在位时，曲沃武公杀死了晋侯缗，在公元前679年通过战争夺取了晋国的政权。次年，曲沃武公在掌握了对晋国的实际控制权后，用宝玉贿赂周釐王，要求周室正式封他为晋侯，并允许拥有一个军的武装力量。这个时候的周王室不过是天下诸侯形式上的共主而已，周釐王明白，曲沃武公需要这个形式上的认可不过是做给四方诸侯们看的，一旦得到册封，他也就能名正言顺地当他的晋侯了。所以周釐王也就做了个顺水人情，同意了曲沃武公的所有要求。

有了周王室的认可，曲沃武公成为了晋武公。前边我们曾经说过，就是在西周最强大的时期，也不曾有过一个军的编制。晋国从此消除了一切制约，在武公及献公两代君主的统治下势力迅速壮大起来。晋武公代晋时已经六十七岁。受周王室册封两年后，晋武公就病逝了。晋武公逝世后，其子即位，是为晋献公。晋献公本是一位非常有才略的君主，在继位后，兼并了数十个小国和戎狄部落，将晋国的疆域扩充到整个汾水流域，使其成为成周北面的一个强大诸侯国。但在晋献公五年，晋献公在伐骊戎后，得到了骊戎女子骊姬，从这一年起，中国的历史发生了微妙的改变。谁也没有想到，这个被称为骊姬的女子出现以后，竟改变了晋国的命运，以至影响到了后来东周列国的局势。

晋献公八年，在晋大夫士蔿的建议下，晋献公诱骗斩杀了先前晋国宗室的所有公子，并建了一座城，命名为绛。四年后，晋献公自骊戎处得到的宠妃骊姬生下一子，起名奚齐，晋国新的内乱也由此开始。

原来晋献公年轻的时候就是一个喜新厌旧的风流种。他的父亲晋武公晚年为巩固自己刚刚建立的基业，便和东方的大国齐国进行了联姻，娶了

齐桓公的一个侄女，名为齐姜。晋武公娶齐姜完全是出于政治需要，这时候他已经是一个年逾古稀的老人，哪还有什么力气去做男女之事。可齐姜正当妙龄，又生得美丽动人，怎么能耐得住寂寞。这时晋献公身为世子，自然可以方便地出入深宫。也是年少贪色，又加上从小就生活在戎狄杂居的地方，对中原的礼教不是很遵守，结果晋献公和这位年轻的小后母一来一去，竟有了感情。后来两人私通，还生下了一个男孩。当时，尽管晋国的民风接近草原风俗，在游牧民族中父死娶母是司空见惯的事情，可这对小恋人毕竟是在晋国的宫廷中干出的糊涂事，况且虽说晋武公离鬼门关只差一步，但老人家毕竟还活着。没法子，他们只好将孩子偷偷地寄养在申氏家中，取名为申生。晋献公与齐姜私通前就已经娶了贾姬，可说也奇怪，两人竟一直没有孩子。后来为了政治需要，他又先后娶了犬戎部落首领的侄女狐姬和小戎允姓的女儿。狐姬为晋献公生下一子，就是公子重耳；小戎允姓的女儿也生下一子，名叫夷吾。

晋献公继位时，贾姬已死。于是晋献公干脆将他与齐姜的关系公开了，将齐姜立为正夫人，申生为世子。这时重耳二十一岁了，夷吾比申生又大一些。也许齐姜生来身子骨就很弱，立为正室后不久，她在生了一个女孩后就死去了。齐姜死后，献公把情感转向了骊姬。骊姬是晋献公发兵攻打骊戎，骊戎首领为求和而献给晋献公的。骊姬生得美丽妖艳，且为人诡计多端。晋献公和骊姬在一起，渐渐地忘却了与齐姜的感情，有了想立骊姬为正室的想法。不久，骊姬生下奚齐，晋献公便不顾百官劝阻，将骊姬扶正了。骊姬成为正室后，一心想让自己的儿子成为世子。当时，晋献公已将晋国的军队扩充为两个军，自己亲率一军，世子统帅另一军。晋献公十六年，晋献公亲统大军出征，世子申生为主将，大将赵夙、毕万为副将，灭霍、魏、耿等国，回师后将世子申生封到了曲沃。从此申生一直在外统兵，远离了晋都。申生在外，给骊姬制造了机会。这时晋献公由于对骊姬的宠爱，已有了废去世子，改立奚齐的想法。骊姬却假惺惺地说："世子久立，诸侯都是知道的，况且他又数次带兵出征，立下赫赫战功，深得百姓信赖，主上怎么能为了贱妾就废嫡立庶呢？如果主上一定要这么做，妾身情愿自杀。"可在晋献公背后，骊姬又在不断地制造着世子的

种种谣言。晋献公二十一年，世子申生在各种谣言的中伤下被解除了兵权，调回到了晋都。

一天，骊姬趁晋献公出猎的时候对世子说："主上出猎前梦见你的母亲了，世子应该赶快去祭祀齐姜夫人，好让你父亲放心啊。"因为晋室的宗祠在曲沃，所以世子听了骊姬的话后，就离开绛都，到曲沃去祭祀母亲了。祭祀完毕后，世子按照古礼，将祭祀时用的肉送回到绛都，献给了晋献公。这时晋献公出猎还没有回来，骊姬就叫人在祭肉中下了毒。两天后，晋献公回宫，厨子将世子送回的祭肉献上。晋献公正要吃，骊姬在旁边说："祭肉从远处送来，最好先试一下才安全。"结果将肉给狗吃，狗立刻就死了；又给小宦官食用，宦官也立即倒毙。众人看后，都被惊得目瞪口呆，只有骊姬哭着对晋献公说："世子怎么能忍心这么做啊！连父亲都要杀，还会在乎别人吗？主上已经是旦暮老者，为什么就不能等到你百年以后，却这么着急啊！我想太子之所以这么做，多是因为我和奚齐的缘故。妾身愿意带儿子避到别的国家去，不然的话就让我早点死吧，否则世子即位，我们孤儿寡母还不和人家菜板上的鱼肉一样。开始主上想要废去世子，妾身还不同意；到了今天，妾身竟然落到了这样的境地……"

骊姬像

晋献公听了骊姬的话后，立即派人捉拿世子申生。世子听到消息，就出逃到新城，到自己的老师杜原款家里躲了起来。晋献公得到回报，更相信了骊姬的话，因

此勃然大怒。这时杜原款劝说世子应该去向晋献公申辩，不然的话就逃到国外去。世子长叹一声说："父君宠幸骊姬，骊姬如一日不在，他便会寝食难安，又怎么会听我辩解呢。我去申辩，即使父君侥幸相信了我，他难道还会降罪于骊姬吗？这样只会使父君为难伤心罢了。而现在父君受人蒙骗，派兵攻我，我如果背负着弑君弑父的罪名出走他国，人们又将会怎样看待我呢？不如一死！"这年的阴历十二月，申生在新城自杀，杜原款被抓捕处死。

骊姬借晋献公的手除去申生后，听说公子重耳和夷吾两人都对太子表示同情，对她借刀杀人的做法表示不满。骊姬为绝后患，于是再施诡计，诬告二公子与申生同谋下毒，想除掉公子重耳和夷吾。重耳和夷吾听到风声，都赶紧逃到国外，才保住了性命。

重耳在外流亡了十九年，这期间他饱经风霜，到过很多国家，增长了很多见识。在蒲城他被晋献公派出的杀手勃鞮追上，好在一刀砍在了他的长袖上，才逃过一劫。重耳在狄人居住的地方拥有了很多追随者，如狐毛、狐偃、赵衰、魏犨、狐射姑、颠颉、介之推、先轸，都是后来晋国功绩卓著的能臣大将。在流亡的日子里，他到过卫国、齐国、宋国、楚国、秦国；钱被人偷过，挨过饿，受到过农夫的奚落，受到过诸侯的鄙视，也受到过礼遇，感受过家庭的温暖、爱情的甜蜜，历经人间酸甜苦辣，看尽世间百态，磨炼了意志，增长了见识，为他后来成就霸业积累了丰富的政治经验。

公元前 651 年，晋献公死去，奚齐和卓子先后继位，但不久就在动乱中被大臣们杀死了。而逃亡在外的夷吾则回到晋国，继承了君位，就是晋惠公。晋惠公对国内的反对势力进行血腥屠杀，引起了国内的再次动荡，最后死在政变中。公元前 636 年，在秦穆公军队的护送下，已是 62 岁的公子重耳终于回到晋国，夺取了君位，史称晋文公。这个时候，他已不是当年逃出绛都时候的那个落魄公子，而是一个目光远大的政治家。加上在长期的苦难生活中，他培植了一群能跟随他出生入死的治国能臣，所以回国后晋文公很快就将晋国的政局稳定了下来。

晋国内乱刚刚弥平不久，一件偶然事件的发生，加速了晋文公成就霸

业的过程。这事情要从东周王室内部的更替说起。周桓王被郑国祝聃射伤撤回后，于公元前 697 年去世，儿子庄王佗登位。公元前 693 年周公黑肩想弑庄王拥立王子克，事情败露，被辛伯告发，黑肩被庄王剪除，王子克逃往燕国。公元前 681 年，周庄王去世，釐王胡齐登位。周釐王去世后是周惠王阆。周惠王即位后，将周室大臣的园林削夺，改成了自己豢养牲畜的场所，导致大夫边伯等五人起来作乱，预谋召集燕、卫等国攻打周惠王。惠王得知后先逃到了温邑，后来又逃到了郑国的栎邑。边伯等大夫驱逐了周惠王，拥立姬颓为王。这一举动激起了郑国与虢国国君的愤怒。公元前 673 年，郑虢两国合兵攻周，杀死了周王颓，护送周惠王回朝。周惠王回朝后，对护送自己回朝的郑虢两国赏罚不公，将酒器玉爵送给了虢公，却没有给郑厉公，为后来周室的动荡埋下了伏笔。

公元前 652 年，惠王逝世，襄王郑登位。襄王的母亲早逝，继母惠后生有一子名叔带。公元前 649 年，叔带与戎、翟两国预谋，想要杀死襄王自立。周襄王早有防范，叔带见事情败露便逃到了齐国。齐桓公出面调解，才将事情暂时缓解。齐桓公死后，叔带于公元前 640 年又返回到成周。这时郑国攻打滑国。周襄王便派游孙、伯服两名大臣出面游说，哪知道郑文公怨恨当年子颓叛乱时周惠王赏罚不公，以及周襄王帮助卫国和滑国两件事，反而将伯服拘禁起来。周襄王知道后不顾大臣富辰劝谏，于公元前 637 年，以翟国军队去攻打郑国。翟国获胜，周襄王为感激翟人，便决定将翟王的女儿立为王后。大臣富辰再次劝谏，他对周襄王说："平王、桓王、庄王、惠王都曾受到郑国的恩惠，大王抛开同姓之亲的郑国是不可取的。"襄王不听，将翟女立后。可一年以后，周襄王又把翟后废黜了。翟人知道后立即出兵攻周，叔带则趁机派亲信给翟人做先导，使翟人顺利地攻进了周都，富辰为掩护周襄王而战死，使周襄王得以逃到郑国。叔带则被立为王，娶了周襄王废黜的翟后，和她一起住在了温邑。周襄王不甘心失败，在郑国氾邑派人通告齐、宋、陈、卫等国，要求他们出兵勤王，可各国诸侯这时都无心参与王室内的纷争，只是派出使者对天子进行慰问，没有一个发兵的。在这一背景下，周襄王只好把希望寄托在晋国身上，机会便降临到了晋文公身上。

当时有人对周襄王说："当今天下，在中原各国中以秦国和晋国最强，两国都想成为霸主。也只有他们有能力会合大小诸侯，扶助天子。"于是周襄王派出了两个使者，一个去见秦穆公，一个去见晋文公。晋文公和秦穆公见到使者后果然立即率兵南下。晋文公的大军接近成周时，秦国的兵马也已经到了黄河。晋文公就派人去见秦穆公，说："敝国已经发兵护送天子还朝，让贵国费心了。"秦穆公明白晋文公是怕自己与他争功，为了避免冲突，就将机会让给了晋文公，主动回师了。晋文公得知秦穆公撤兵，便率军继续挺进，很快就击溃了翟人，杀死了叔带，护送周襄王回到了成周。周襄王为感谢与拉拢晋文公，赐给晋文公玉珪、香酒、弓箭，并封他担任各国诸侯的盟主，把河内地区赐给了晋国。从此，晋文公的霸主地位在形式上得到了肯定。

勤王回国之后，晋文公对晋国的政治、经济及军事着手进行整顿，缓和了统治集团内部的矛盾，同时重视大力发展农业和商业，并尽量节省政府开支，使晋国的势力进一步壮大。公元前633年，晋文公将军队由两军扩充到三军，在被卢举行"大蒐礼"，使晋国成为了真正的军事大国。在晋国国力蒸蒸日上的同时，南方的楚国在齐桓公死后，积极实施北进战略，势力发展迅速。宋襄公泓水战败后，楚人更是肆无忌惮。楚国的扩张无疑与正雄霸中原的晋国发生了冲突。当时，除了齐国以外，宋、鲁、曹、卫等国都先后与楚国订立盟约，而随着晋国的日益强大，摇摆不定的诸侯小国开始不去朝贡楚国，而与晋国结盟。晋楚两国矛盾进而不断升级，一场大战也即将拉开帷幕。

公元前633年冬，因宋国背弃了与楚国的盟约，转投晋国，楚成王为争夺中原霸权，亲率楚、郑、陈、蔡、许等国联军大举攻宋，将宋都商丘团团包围。危急时刻，宋成公一面派大司马公孙固去晋国求救，一面坚守待援。论实力，楚地疆域辽阔，实力雄厚，要比晋国强大。但作为中原霸主，宋国有难又必须去救。晋文公一时决断不下。关键时刻狐偃提出了进攻曹、卫以解宋围的策略。齐桓公死后，迫于楚国的势力，卫、曹两国都投靠了楚国，卫国又与楚国结了亲。两国被攻，楚国无法坐视不理，只能救助。再加上卫、曹两国正好夹在晋国和宋国的中间，自然就是最佳的攻

击目标。晋文公最后采纳了狐偃的建议，晋楚大战由此开始。

公元前 632 年正月，晋文公借口曹共公在他流亡时曾对他不恭，将晋军集中到了晋、卫两国边境，要求卫国借道，以方便晋国攻曹。卫国自然不会答应，于是晋文公对卫国发起攻击，攻占了卫国的五鹿城。卫成公惊慌之下连忙派人向晋文公求和，晋文公醉翁之意不在酒，而是期待“大鱼”来咬钩，怎么会同意卫国的求和。果然，卫成公见乞和无望，只好向楚国求救，可就在这一时刻，卫国国内先发生了暴动，由于国人对卫成公不满，趁晋军压境的机会把卫成公驱逐了。这一意外事件没有打乱晋文公的原定计划，晋文公指挥晋军迅速南下，直攻曹国都城陶丘。只三个月晋军就攻下陶丘，俘虏了曹共公。

晋军已攻下了曹、卫两国，但楚军仍围住宋都按兵不动。宋成公不见晋军来救，摸不清情况，又派使者再次向晋国求救。晋文公这时候也拿不定主意。战争从开始到曹、卫被占领，楚国人并没有像预想的那样救助曹、卫。更重要的是，齐、秦两大强国一直袖手旁观，态度暧昧，晋文公摸不清他们的立场。晋文公向幕僚们征求意见，中军主将先轸说：“我们可以先叫宋国送一些好处给齐、秦两国，请他们出面调停，劝楚人撤围。而我们则扣留曹共公，将曹、卫两国的土地分给宋国一部分。楚国和曹、卫是盟国，曹、卫土地被分，自然无法接受齐、秦的调停。而齐、秦两国又已经得了宋国的好处，也就不能不出兵参战，站到我军这边来了。”先轸的话确实很有见地，他的策略成功地在大国之间制造了矛盾，把齐、秦两国拉拢到了晋国一边。这样一来，双方的力量对比便大大有利于晋国了。

楚成王听到晋、齐、秦建立联盟的消息后，敏感地意识到了形势的变化。他了解，晋文公长期流亡在外，历尽艰苦，熟悉各国的情况，而且具有灵活的政治手腕，和这种人正面冲突是危险的。他权衡利弊后决定撤军。但楚成王的理智决策被骄傲轻敌的楚将子玉破坏了。楚将子玉不听楚成王劝阻，一意孤行，率领一支军队向晋军发起了挑战。

战斗开始前，晋文公主动退避三舍，将军队后撤了 90 里，楚将子玉误以为晋军示弱，更加不可一世。公元前 632 年 4 月，晋楚两军在城濮展开决战。战斗开始后，晋军向楚军的右翼陈、蔡两国军队首先发起攻击，

将楚军右翼迅速击溃。同时，晋军中的一部伪装成主力部队诱使楚军左翼孤军深入。楚军左翼在失去中军支持的情况下，半路遭到晋军主力的拦击，被晋军围歼了。这时子玉见左右两翼全被晋军击败，急令收兵，才算保全了中军。

城濮之战以晋国的全胜而告终。城濮之战后，晋文公召见周襄王到河阳的践土与他相会，中原诸侯鲁、宋、齐、蔡、郑、卫等国听说后都赶去朝见，从这一刻起，中原诸侯正式凝聚在了晋国周围。历史上避讳臣子召见天子这一事实，所以称这件事为“天子狩于河阳”。公元前628年，晋文公去世，晋襄公即位。晋襄公仍重用辅佐晋文公成就霸业的大臣，晋国的霸业也并没有随晋文公的死而宣告终结。这就是晋文公与齐桓公两人称霸后的不同之处。

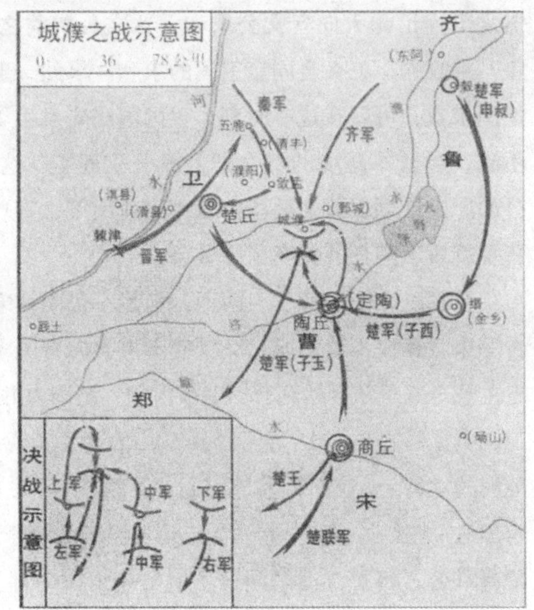

城濮之战示意图

四、西进扩疆秦穆公

在春秋五霸中，秦穆公的地位一直都有争议，因为他建立霸业的时间与晋文公相差不远，当时由于晋国的强大，他无法入主中原，而只在西方称雄。秦人为嬴姓，原本是一支归附于殷商的东方古老部族，周人灭商后将他们迁到了西方。周孝王时，秦人祖先非子为周室牧马有功，被封于秦，赐嬴姓，于是有了嬴姓秦人。周平王东迁成周时，秦襄公击退犬戎，参与护送，平王便将秦襄公由西垂大夫升为诸侯，并留下诏命：犬戎所侵占的岐山、丰镐地区，只要秦人能够驱逐犬戎，就全归秦人所有。自此秦国跻身于诸侯之列。秦襄公及其子秦文公在西部地区开疆拓土，经过二十年的努力，终于在公元前750年前后收复了岐山地区，使秦国很快成为了一个西方强国。

秦国真正走向富强是从秦穆公开始的。秦穆公是一个十分注意引进人才的人。秦穆公时期，在秦国众多的外来人才中，最著名的当数百里奚。

百里奚原是虞国人，他三十多岁后曾游学四方，到过齐国、宋国，希望能寻到明主，可是一直郁郁不得志。后来百里奚又回到了虞国，为虞君效命。当时晋献公一直想将晋国东南面的虢、虞两个小国吞并。可虢国和虞国虽小，地理位置却很特别，不仅都靠着山，还相互挨着，唇齿相依，很难正面攻破。晋献公便利用虞君贪财好利的性格，先用宝马美玉贿赂虞国，借道伐虢。虞君不听贵族宫之奇的劝阻，同意了晋献公的要求，于是晋军顺利地经过了虞国将虢国灭亡了。等晋军回师时，顺手把虞国也

灭了。就这样，虞君和百里奚都做了俘虏。虞君这时十分后悔，他问百里奚："当初你为什么不劝阻我呢?"

百里奚回答说："宫之奇说的您都不听，难道还会听我的吗?"

晋献公听说他们的对话后，知道百里奚是一个"知不可为而不为"的智者，就想要重用百里奚。但百里奚认为没有尽到做臣子的职责，宁可做俘虏也不愿做官。公元前655年，秦穆公派公子絷到晋国去求婚。晋献公答应了秦国的请求。百里奚作为秦穆公夫人的陪嫁奴隶被送到了秦国。半道上百里奚趁机逃了出去，不想在楚国的宛地被楚人捉住，当成了逃亡的普通奴隶。看百里奚还算老实，楚人就把百里奚派去看牛。

而这时在秦国，秦穆公在陪嫁奴隶的名单中看到了百里奚的名字。通过询问，他得知百里奚是一个有气节的难得人才，就派人到各处去打听百里奚的下落。派出去的人回来后禀告说：百里奚正在楚国做放牛的奴隶。秦穆公爱惜人才，就想用重礼把百里奚赎回来。公孙枝阻拦说："这可不行。楚人叫百里奚放牛，是因为不知道他的才能。要是主公用重礼赎百里奚，就是在告诉楚王百里奚是个难得的人才，楚王还怎么能把他放回来呢?"秦穆公被公孙枝一语惊醒，就依照当时一般奴隶的身价，派使者带五张羊皮去见楚成王，以索要逃跑的陪嫁奴隶为由，将百里奚赎了回去。百里奚到达秦国后，秦穆公和他一连谈了三天，后来他向秦穆公推荐了好友蹇叔。秦穆公见到蹇叔后问他：为君之道是什么？蹇叔一一回答，令秦穆公听得竟然连吃晚饭的时间都忘了。

秦岭褒斜栈复原模型图

于是秦穆公拜蹇叔为右相，百里奚为左相，开始对秦国的国政进行革新。

秦穆公称霸的道路是春秋五霸中最不平坦的。因为秦穆公要想称霸中原，就必须先战胜中原诸侯的共主晋国。秦穆公与晋文公关系的破裂从两国联合伐郑开始。郑国的地理位置比较特殊，正处于晋、楚两大国之间。从实力上说，郑国既得罪不起晋国，也招惹不起楚国，所以在外交上态度十分暧昧，时而倒向楚国，时而又靠向晋国，摇摆不定。晋楚城濮之战后，郑国虽表面上加入了中原联盟，可暗地里却依旧和楚国保持着联系。为此，晋文公联合秦国一起对郑国发起了攻击。晋文公与秦穆公率军合围郑国，声势浩大，晋国的兵马驻扎在西门，秦国的兵马驻扎在东门。郑文公面对强兵攻城，一时愁云莫展。无奈之下，采用了佚之狐的建议，派烛之武出城劝说秦穆公退兵。

烛之武见到秦穆公后，分析了当时的情况：秦晋两国一起攻打郑国，郑国必亡国。但是郑秦两国相隔很远，郑亡，土地全归了晋国，晋国的势力会增，而对秦国毫无好处，相反还会使晋国以后有能力攻秦。如果秦国愿意退兵，郑国以后将在秦国经过郑国时，以东道主的身份接待秦国使者，为秦国大开方便之门，这样有什么不好呢？

秦穆公听了烛之武的话，考虑到自己的利害关系，就答应跟郑国单方面讲和，留下两千人马由杞子等三员将领率领，替郑国守卫北门，自己带领秦军主力退兵了。

晋人见秦军单方面撤军了，十分气愤，晋将狐偃要求对秦军发起攻击。晋文公阻止说："没有秦君的话，我又怎么能回国呢？"秦穆公走后，晋文公派人也和郑国订了盟约，随后撤兵走了。而留在郑国的杞子等秦国将军看到郑国又投靠了晋国，连忙派人把郑人背信弃义的事情报告给了秦穆公，要求再次讨伐郑国。

秦穆公听说后也很不痛快，但碍于晋文公的面子，还是暂时忍了下来。公元前628年晋文公病逝，晋襄公即位。这时秦国的一些将领再一次劝说秦穆公讨伐郑国，他们认为晋文公刚刚死去，晋国还没举行丧礼，趁这个机会攻打郑国，晋人绝不会插手。这时留在郑国的杞子也送回信说：郑国北门的钥匙已经掌握在我军手里，要是秘密派兵偷袭，一定可以成功。在

多数将领的怂恿下，秦穆公派百里奚的儿子孟明视为大将，蹇叔的两个儿子西乞术、白乙丙为副将，率领三百辆兵车，决定出兵再次攻郑。

这时候，只有蹇叔和百里奚反对出兵，但秦穆公决心已下，不听两人的劝说，坚持派孟明视统兵出征了。秦军一路疾驰，本以为可以瞒天过海，却不知只是掩耳盗铃而已。在秦军接近郑国都城的时候，被郑国商人弦高发现，弦高向孟明视等人献上自己贩卖的四张熟牛皮和十二头肥牛，诈称秦军的行动早被郑国人识破。孟明视等人信以为真，只好收下了弦高的礼物，率军无功而返。弦高骗走秦军后，将消息迅速通知了郑国人。郑君知道后把杞子等秦国将军也驱逐了。

孟明视率秦军远征，被弦高骗后，总觉得不能无功而返，就在回国的路上灭了滑国，把滑国的粮食和财宝抢劫一空，装满战车，才开始返回。公元前 627 年 4 月初，秦军路过晋国的崤山谷地，在这里遭到了晋国军队与姜戎的伏击，秦军全军覆没，三名主帅孟明视、西乞术、白乙丙全被晋军生俘。崤山之战彻底粉碎了秦穆公的东进梦想。以后，秦国为报崤山全军覆没之仇，与晋国展开了长期的战争。公元前 624 年，崤山一役三年后，秦穆公倾全国之兵与晋国进行决战，终于击败了晋国。秦穆公回师后，掩埋了崤山之战中牺牲的秦军将士的尸骨，亲自祭祀，见景生情，不由大哭。秦、晋双方虽互有胜负，但秦国始终没能打通东进的道路。

秦穆公无法东进，便转向西拓。秦穆公设计，将投奔到西戎的晋人由余留在了秦国，由余在西戎部族住了很多年，对这一地区的民风及山川险要了如指掌。有由余做谋士，秦穆公西拓的进展非常顺利，只用了短短五六年的时间，就吞并了西方十二个部落，开地千里，在西部地区建立了自己的霸业。周襄王为此赐给秦穆公十二只铜鼓，封他做了西方的霸主。

五、问鼎中原楚庄王

公元前621年，秦穆公与晋襄公先后去世，秦、晋两国之间的战争牵制削弱了双方的力量，这就为南方的楚国向北方开拓创造了有利时机。楚国自西周末年就不断扩张领土，楚穆王时，灭掉了楚国周围的江、六、蓼、皋陶等小国，使楚国成为春秋时期幅员最为辽阔的诸侯国。这就为楚庄王问鼎中原，建立中原霸业奠定了基础。

公元前613年，楚穆王的儿子楚庄王熊侣继位。这位楚庄王与楚国先前的君王有些不同，他继承王位后，有三年时间既不过问朝政，也不出兵争霸，一副游戏人间的样子，白天巡游捕猎，晚上酒色歌舞，为避免大臣们劝谏还下了一道命令：谁要敢劝谏，就判谁死罪。满朝文武对这位新君的作为都感失望，却又无济于事。楚穆王英明一世，难道到老了，竟选了个昏君继承王位吗？

其实楚庄王用的是韬晦的策略。他之所以摆出一副昏君的模样，是为了麻痹当时的楚国令尹门越椒。楚穆王时楚国的令尹势力恶性膨胀，大有压过君王的势头。楚庄王大智若愚，他即位后清楚自己并没有足够的能力与令尹门越椒抗衡，而要想成就一方霸业，他就必须要掌握足够的力量。楚成王摸不清朝中大臣的态度，也没有一个和自己步调一致的领导班底。他三年里表面上寻欢作乐，其实一直都在观察朝臣们的态度，寻找物色能臣异士，组建自己的力量。而他表现得越是无能，门越椒也就对他越是放心，越敢胡作非为，将罪行昭然于天下。就在门越椒不断培植自

己的势力、嘲笑楚庄王的昏庸时，他却不知道自己的末日也已经临近了。

一天，大夫伍举拼死闯宫，来到楚庄王面前。楚庄王怀里搂着一个美人儿，用半醉半醒的眼睛看着面前这位刚正不阿的大臣。楚庄王说话了："你是来喝酒的吗？或是来听音乐的？"

伍举平静地说："不是，我只是想来给大王猜个谜。"

楚庄王似醉非醉地看着他："哦？你说说吧，我正觉得无聊呢。"

伍举说："是这样的，我昨天听说，楚国山上飞来一只大鸟，它身披五彩，荣耀非凡。可是它在那高高的山峰上，一站就是三年，不飞也不叫，人们都看着它，却都不知道这是一只什么鸟？为臣愚钝，所以想来问大王。

楚庄王听后沉默了许久，过了一会儿，他推开了怀里的美女，大笑着说："这可不是一只普通的鸟。你相信我，它三年不飞，一飞冲天；三年不鸣，一鸣惊人。你别急，时间就快到了。"

伍举听后，磕了头，流下了激动的眼泪。

是的，时机确实已经成熟了。楚庄王在三年的时间里已经看清了朝中一切，辨明了忠奸。更重要的是，他已得到了两个人才，运筹帷幄、治国理政的能臣孙叔敖和勇猛多智的养由基。

第二天，楚庄王开始了他雷厉风行的改革，他先调整了人事，削减了令尹的权力。随后又提拔平民出身的孙叔敖为令尹。在孙叔敖的规划下，兴修水利，发展经济，使农工商贾各守其业。在政治上则注意选用旧贵族，借以巩固统治集团的群体力量，楚国的国势更加强盛了。公元前 611 年，楚庄王灭庸；公元前 608 年，楚国打败宋国；公元前 606 年，楚庄王又讨伐了陆浑戎。在讨伐陆浑戎的过程中，楚庄王将军队一直开到了成周附近，向周王室炫耀武力。周定王派大夫王孙满前去劳师，楚庄王陪王孙满检阅了楚国的军队。

在楚庄王陪王孙满检阅楚军时，楚庄王突然问："我听说周宫中藏着大禹治水时留下的九鼎，不知道这鼎的大小轻重怎么样？"

王孙满回答："九鼎是象征王室权威的礼器，它的轻重和大小无关，而要看拥有它的国家的强盛，德厚、国强，鼎自然会重。当年成王将鼎放

置在成周，占卜的结果是周朝要经三十代君王，历七百年春秋，这是天命。现在周德虽衰，但天命未改，所以还不到问鼎的时候。"

楚庄王问鼎后，知道还不是取代周天子的时候，就率师回去了。就在楚国国势蒸蒸日上的时候，晋国的情况却是江河日下。原来晋襄公死的时候，晋灵公才七岁。晋灵公从小缺少管束与正确的教导，是一个顽劣的纨绔子弟，有一次他待着无聊，竟然站在高台上用弹弓射高台下的行人取乐。晋国在这样一个君主的领导下，衰退也就在情理之中了。公元前 597 年，楚庄王再度北上，攻击再次倒向晋国一边的郑国。郑都被围长达三个月，郑人坚守等待晋国的援兵，可晋军迟迟不到，最后只好向楚国投降。这年的夏天，楚军与这时才赶到的晋国的援郑大军相遇于黄河边上的邲地。晋国元帅荀林父听说郑国已经降楚，本打算撤军，但晋军副将先谷不同意撤回，擅自率自己的亲军渡过了黄河。荀林父不敢让先谷孤军深入，只好率全军赶上。晋楚在邲发生激战，由于晋军内部意见不一，导致全军指挥失灵，结果被楚军击溃。在溃退时，晋军官兵争相渡河，混乱不堪，致使晋军或被楚军斩杀，或溺水淹死，令人惨不忍睹，损失极为惨重。

邲之战击散了晋军的斗志。此后，晋军在相当长的一段时间里再不敢与楚军轻易争锋。公元前 594 年，楚军围宋，宋国坚守长达九个月，期盼

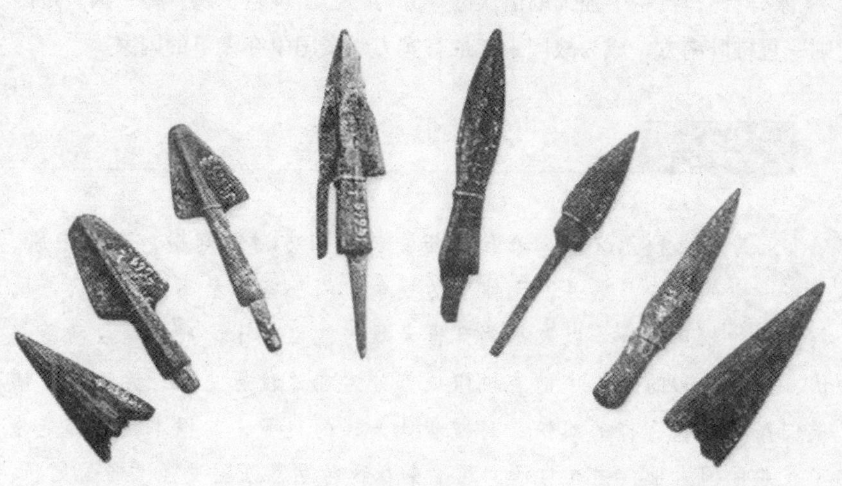

春秋·铜镞

晋国的救援，可晋国群臣都反对出兵。宋人望眼欲穿，也没有盼到晋军，只好投降楚庄王。自此中原诸侯对晋国彻底失去了信心，纷纷与楚国订盟。楚庄王终于实现了称霸中原的志向。公元前 591 年，楚庄王去世。两年后，继位的楚共王继承了楚庄王的霸业，在今山东泰安西一带大会诸侯，秦、齐等十四个诸侯国参与了会盟。

晋国虽在邺之战中丢掉了中原霸主的地位，但仍是北方的军事强国。邺之战后，晋国在一段时期内无法向南方与楚国争衡，便集中力量来对付北方的势力。公元前 589 年，晋国灭掉赤狄各部，使国力大为增强。公元前 589 年，晋、齐在鞍发生激战，齐军大败。距邺之战近二十年后，晋国的力量得到了增强。公元前 575 年，晋楚为争夺对郑国的控制，在鄢陵再次发生战斗，这一次晋军大败楚师，还在乱军中射瞎了楚共王的一只眼睛。到公元前 572 年，晋悼公继位后，晋国进行改革，整顿内政，减轻赋税，强调法治，起用赵武，重用贤能，使晋国成为当时最具势力的强国，重新成为了诸侯霸主。

然而，从晋悼公的儿子晋平公起，晋国开始慢慢衰落，到了春秋末年，晋国已不再是一个统一的诸侯国了。“礼乐征伐自大夫出”，智、赵、魏、韩四家大夫各自割据一方，掌握了晋国的实际控制权，最终演变成“三家分晋”，将一个强大的诸侯国一分为三，出现赵、魏、韩三国。楚国则一直雄卧南方，成为战国末年最有实力和秦国争夺天下的国家。

点 评

正是：春秋无义战。春秋的历史就是四方诸侯割据，逐鹿中原、争霸中原的历史。兼并，无休止的战争，周王室力量不断被削弱，民族之间的相互融合，以及那些乱世枭雄与能臣异士，成为这段动荡起伏、多姿多彩的历史中的有机组成部分。在这段历史中，无论四方诸侯们高举着什么样的旗帜，高喊着什么样的口号，其根本目的都是为了兼并他国土地，强大自己。在整个春秋时期，强国更强，弱国更弱，到战国时期，力量终于集中到了齐、楚、燕、赵、魏、韩、秦七个国

家身上。可以说正是因为有了春秋时期纷繁复杂的政治交往，雄浑激荡的吞并征伐，才使说着不同的话、发源于不同文化体系的华夏各族凝聚到了一起，在思想上、生存方式上逐步走向统一，产生共鸣。春秋，是一个充满血腥的时代，是一个思想异常活跃的时代，是一个能人辈出的时代。看春秋风雨，唯有人心长留天地，兴亡成败在那一个个鲜活的历史形象面前显得渺小而无足轻重。

相关链接

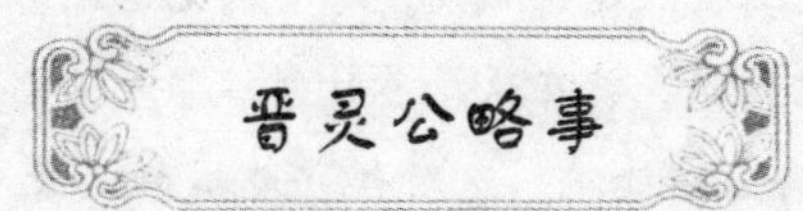

晋灵公略事

公元前620年，晋襄公病死，他七岁的儿子夷皋即位，就是晋灵公。赵盾等人本来不想立一个还不懂事的孩子为君，但由于夷皋本身就是世子，名正言顺，而晋国国内各派势力也在相互争衡，赵盾为稳定局势，也就只好立了晋灵公。

晋灵公小的时候，晋国的大权都掌握在赵盾手中，他从来都不参与。由于缺少适当的教育，晋灵公成人后任性胡为，做事荒唐，宠信弄臣屠岸贾，生活奢靡，是一个标准的昏君。为了寻找乐子，屠岸贾为晋灵公修了一所园林，名为“桃园”。在桃园里，屠岸贾盖了一座高台，四面围着栏杆，晋灵公站在台上就可以看到全都城的概貌。有一次，晋灵公看见城中来往的百姓比天上的飞鸟还多，这个大孩子便拿起弹弓向台下的行人打去，看着被打得抱头乱窜的百姓，他哈哈大笑起来。

还有一次，晋灵公只因为一个厨子没有把熊掌煮透，就把这个厨子杀了。当时正好被晋相赵盾瞧见了，赵盾就找到晋灵公，以老臣的身份劝谏。晋灵公表面上接受了赵盾的建议，实际上却对赵盾怀恨在心。事后晋灵公就和屠岸贾密谋派了一个刺客去刺杀赵盾。不想那刺客十分钦佩赵盾的为人，他为了既不失去对晋灵公的忠诚，又不错杀忠臣，跟赵盾说明

事情的经过后，一头撞柱，自杀了。第二天，晋灵公和屠岸贾看见照常上朝的赵盾后大惊失色，一时不知所措。

一计不成，晋灵公和屠岸贾又设下一条毒计。他们先豢养了一只恶狗，又做了一个草人，给草人穿上赵盾的衣服，在草人胸脯的位置搁了一大块羊肉，以后两人就天天训练那只狗扑杀草人。一段时间后，晋灵公将赵盾请到宫里，假意设宴。赵盾当时只带了卫士提弥明一人赴宴。宴席间晋灵公放出恶犬，扑咬赵盾，结果恶犬被提弥明杀死。晋灵公大怒，干脆撕破了脸皮，下令宫廷武士擒杀赵盾。幸亏提弥明忠心护主，舍去性命才掩护赵盾逃出宫廷。但宫廷武士仍不放过赵盾，在后边紧紧追赶。其中有个武士尤其卖力，比其他人追得都快。赵盾眼见这武士到了眼前，一着急竟瘫倒在地，不能动弹了。就在这危急时刻，那武士已跑到近前，一把拉起赵盾，将他背到肩上继续跑。这时候，赵盾的儿子赵朔也率领家将赶来，才击退了宫廷武士，救了赵盾。

事后赵盾问那个武士为什么要救自己，才知道这武士叫灵辄，先前因穷困曾饿倒在街头。当时赵盾正好经过，就给了他一些吃的，救了他一命，这时他看到赵盾有难，所以舍命相救。赵朔救下赵盾后，父子两人逃到了国外。公元前606年，晋灵公被赵穿杀死，晋成公即位，便又将赵盾接了回来。晋成公为表示依旧要重用赵盾，把自己的女儿庄姬嫁给了赵盾的儿子赵朔。晋国的政局重新得到稳定，逐鹿中原的霸业得以继续。

第八章
春秋吴越

一、吴国的兴起

春秋争霸的最后地点在吴、越地区。吴和越国一样，都是长江下游的国家。吴国的都城在吴，就是今天的苏州。吴国始建于商末，周太公的两个儿子泰伯、仲雍南来，到达今江苏无锡一带，在这里收拢了当地千余家蛮人，断发文身，相继做了蛮人首领，在苏州一带建立了吴国，所以吴国与周天子同宗，都是姬姓国。以吴都为中心，吴国的疆域主要有今江苏中部、南部及安徽东部的一些地方。

吴国本是一个弱国，曾被楚人征服过。在吴君寿梦的时候，吴国开始逐渐强大起来。吴国在春秋中晚期能够迅速兴起，与晋楚两国的对抗有直接关系。当时楚国大夫巫臣盗夏姬亡命到晋国，被晋人封为刑大夫。因楚人灭巫臣全家，巫臣怀恨，向晋国献上了联吴攻楚的计谋。晋国为了制衡楚国，采纳了巫臣的计策，于是扶植吴国牵制楚国。公元前 584 年，晋国派巫臣带一队战车到达吴国，教会了吴人射箭和御战车的方法。吴人学会车战后，在晋国的支持下开始从淮南向楚国的侧面发起攻击。从此吴楚之间连年争战，甚至一年内就打上七次仗。吴晋交好后，吴国的文化也得到了迅速提高，开始向华夏文化靠拢。

寿梦死后，长子诸樊即位，将都城从梅里迁到了吴。公元前 514 年，阖闾在楚国亡臣伍子胥的帮助下用专诸刺杀了吴王僚，夺得了王位。阖闾夺得王位后，在伍子胥、孙武等人的辅佐下将吴国迅速发展成了一个

军事强国。公元前 506 年，阖闾亲率吴军，联合蔡、唐两国军队共同伐楚。由蔡人作为向导，吴军沿淮水乘船西进，在淮汭登岸，与楚军夹汉水相望。吴军与楚军先后五战，吴军五战五胜，楚军大溃，最后一直攻下了楚国建都约二百年的郢都。

吴军攻破楚郢后，得到了楚国的大量财物和人口，对楚国造成了前所未有的创伤，然而，却也因此使吴国吸收了由周入楚的华夏文化，使吴国加速了华夏化进程。

二、伍子胥与孙武

在吴国兴起的过程中有两个人是必须要提及的，那就是伍子胥和孙武。如果没有这两位旷世奇才，很难说历史会怎样发展。下面就先来说伍子胥。

伍子胥，本名伍员，是楚平王时期，楚国太子太傅伍奢的次子。公元前522年，楚平王使费无极去秦国为太子建求亲，秦国同意了楚国的请求，将秦女嬴氏许配给了太子建。而费无忌回到楚国后对楚平王说："秦女貌美，不如自娶。"楚平王娶秦女后便决定废掉太子建。当时太子建和太傅伍奢正在城父镇守。楚平王怕伍奢保护太子，先令伍奢回朝，然后要他诬说太子建打算谋反，被伍奢拒绝。楚平王将伍奢下狱，派人去杀太子建。伍奢有两个儿子，伍尚和伍员(也就是伍子胥)，都在带兵戍守边疆。楚平王为防止两人反叛，叫伍奢写信

伍子胥像

给两个儿子，要他们回到郢都。伍尚和伍子胥看到信后，伍尚不忍心离开父亲，回到了郢都，同伍奢一起被楚平王杀死了，而伍子胥则立志报仇，逃出了楚国。

伍子胥先逃到了宋国，在那里见到了逃出楚国的太子建。不想宋国起了内乱，伍子胥只好带着太子建和公子胜又逃到了郑国。郑国这时正依附于晋国，所以郑定公就收留了太子建。可没想到太子建瞒着伍子胥与晋国私通，暗地里收买勇士，想害死郑定公，霸占郑国，然后再打回楚国。事情被郑定公知道后，郑定公杀死了太子建。伍子胥得知太子建被杀，只好带着太子建的儿子公子胜逃出了郑国。

伍子胥带着公子胜逃出郑国后，入陈国，过昭关，几经辗转，终于到达了吴国。伍子胥到吴国后，得到了吴国公子光的重用。公子光这时正想要夺取王位。伍子胥便用勇士专诸化装成厨子，让专诸将匕首藏在做好了的鱼的腹中，当专诸将鱼端给吴王僚时，突然拔出匕首，将吴王僚刺杀了，而专诸也被吴王僚的侍卫当场斩杀。

公元前 515 年，伍子胥用专诸刺杀了吴王僚后，公子光就做了吴王，改名为阖闾。吴王阖闾即位后，封伍子胥为大夫，帮助他处理国家大事，吴国的国力迅速提升。而就在这个时候，另一位军事天才也来到了吴国——他就是《孙子兵法》的作者孙武。

孙武，字长卿，公元前 535 年左右出生于齐国乐安。孙武的祖先叫妫完，被周天子册封为陈国国君。后来陈国发生内乱，孙武的远祖妫完便携家逃到齐国，投奔了齐桓公。齐桓公任命妫完做了负责管理百工之事的工正。妫完定居齐国后，将妫姓改为田姓，从此被称为田完。历经百多年变迁，田氏家族的地位越来越显赫，逐渐成为齐国的大家族。齐景公时期，田完的五世孙田书做了齐国的大夫，因领兵伐莒有功，齐景公将乐安采地封给了他，并赐姓孙氏。这样，田氏家族中又分出一个支系为孙姓。孙书的儿子孙凭做到了齐卿的位置，成为齐国君主以下最高一级的官员，孙凭则是孙武的父亲。孙武在这样的环境中长大，所以自幼饱读兵书。齐景公时期，齐国田、鲍、栾、高四大家族为争权夺利，党同伐异，你争我夺，内乱日甚一日，愈演愈烈。孙武不愿纠缠在这种无休止的争斗中。公

元前517年左右，18岁的孙武离开乐安来到了吴国。

孙武来到吴国后，便结识了伍子胥。孙武和伍子胥十分投机，由此结为密友。吴王阖闾任用伍子胥后，吴国呈现出一派欣欣向荣的景象。公元前512年，伍子胥将孙武推荐给了阖闾。可是，孙武到吴国后一直隐居著书，吴王连他的名字都不曾听说过，所以对伍子胥的推荐表示怀疑。伍子胥便反复推荐，仅一个早上就推荐了7次，吴王这才答应接见孙武。

孙武把自己写的兵书进献给了吴王。吴王看后，十分高兴，但又担心孙武只是一位纸上谈兵的人，便对孙武说："你的兵法我已经逐篇拜读，确实受益匪浅，但不知实行起来如何，可否演练一下，让我看看呢？"

孙武回答："可以。"

孙武像

吴王有意考验孙武，就下令将宫中的180名美女召到了宫后的练兵场上，交给孙武去演练。孙武把宫女们分为左右两队，指定吴王最为宠爱的两位美姬为左右队长，让他们带领宫女进行操练，同时指派自己的驾车人和陪乘担任军吏，负责执行军法。安排好后，孙武开始训练，发出第一次口令后，宫女们都感到新奇、好玩，不听号令，反而捧腹大笑起来，结果队形大乱。孙武便召来军吏，问明军法，下令要斩杀两位队长。吴王见孙武要杀掉自己的爱姬，马上出面求情说："寡人已经知道将军能用兵了。这两个美人侍候寡人已经很久，没有她们我吃饭也没有味道。看在我的面子上就赦免了她们吧。"

孙武听后，毫不留情地说："将在军中，君命有所不受。"说完便下

令杀掉了两位队长，然后任命两队的排头充当新的队长，继续练兵。孙武这次击鼓发令后，宫女们一个个都被吓得心惊肉跳，哪里还敢怠慢，全都步调一致，整齐如一地完成了命令。

于是孙武派人请吴王阖闾检阅，阖闾因失去爱姬，托辞不去。孙武便亲见阖闾说："令行禁止，赏罚分明，是兵家的常法，为将者治军的通则。只有对士卒威严，他们才会听从号令，才能在战场上克敌制胜。"阖闾也明白这些道理，又听了孙武的一番解释，知道这人虽然有点不通人情，却确实是天下难得的帅才。于是吴王阖闾拜孙武为将军，将吴军将士交给了孙武。

三、吴楚大战

吴王阖闾重用伍子胥和孙武后，便指挥吴军攻克了楚的属国钟吾国和舒国。这时阖闾便有点被胜利冲昏了头脑，想要趁机长驱直入，攻克楚都郢城。这一冒进的举措立即就被孙武阻止了。孙武说：楚军是天下的一支劲旅，不是舒国和钟吾国可比的。我军现在已连灭二国，人疲马乏，军资消耗将尽，需要的是养精蓄锐，再等良机。被孙武这么一说，阖闾也发现自己是有点冲动，于是下令回师了。

吴军虽然撤退，但伍子胥和孙武在撤退后却制定了一套扰楚、疲楚的策略。吴军用三支劲旅，轮番袭扰楚国，弄得楚国连年应付吴军，人力物力都被大量耗费，军队终日疲于奔命，属国纷纷叛离。而吴国在如同蝗虫过境一样的战斗中抢掠了不少物资，完全占据上风。公元前506年，楚国攻打蔡国。这时蔡国已经归附吴国，这样吴军伐楚就有了足够的借口。吴王阖闾和伍子胥、孙武指挥3万精兵，乘战船溯淮而上，直趋蔡国与楚军交战。春秋时期规模最大的一场战争——吴楚大战拉开帷幕。

吴军的到来，迫使楚军不得不放弃了对蔡国的围攻，收缩部队，调集主力，以汉水为界，迎击吴军的进攻。这时孙武突然改变了沿淮河进军的路线，弃船走陆路，直插楚国纵深。因为孙武深深懂得，用兵作战，最贵神速。他料定楚军知道吴人熟悉水战，一定会加强沿岸的防御。所以他放弃了逆水行进的战船，登陆前进，迅速突破了楚军防线。孙武在3万精兵中选择了强壮敏捷的3500人作为前阵，向楚军展开了冲击。当时楚军20

万，而吴军只有3万，但在孙武迅猛的攻势下，楚军连战连败，而吴军五战五胜，最终楚军大溃。公元前506年旧历11月28日，吴军攻入了楚国的国都郢，楚昭王带着妹妹仓皇出逃。吴楚大战暂时告一段落。孙武在这次战斗中以少胜多，创造了战争史上的一个奇迹。

进入郢都后，吴军内部发生了意见分歧。伍子胥劝阖闾灭楚，孙武则不同意。孙武认为：灭楚的时机还不成熟，应立太子建的儿子公子胜为楚王，楚人大多同情太子建，如果立他的儿子为楚王，楚人自然会感激吴国，诸侯也会佩服吴王，公子胜更忘不了吴国的大恩。这么一来，楚国就成了吴国的属国，可说是名利双收。但吴王阖闾贪图楚国的土地，急于求成，结果采纳了伍子胥的建议，决定灭楚。

伍子胥复仇的心愿终于得到了满足。但这个时候楚平王已经死了，他为了泄愤竟到寥台湖刨开了楚平王的坟，把楚平王的尸体从坟墓里扒了出来，用钢鞭足足打了三百下。这时的伍子胥就像一只发了疯的恶狼一样，他十多年的积恨一时间爆发了出来。对楚平王进行了鞭尸后，他的恨意仍然没有消除，又找到吴王阖闾要了一支人马，去擒拿楚昭王。伍子胥四处打探楚昭王的下落，但毫无头绪，后来他听说楚国的令尹跑到了郑国，便猜想楚昭王也许跟令尹在一起，于是挥师攻郑。郑国被围，无奈投降，楚令尹也自杀了，但楚昭王却始终没能找到。伍子胥没有办法，只好离开郑国，回到了楚国。这时有人送来了伍子胥昔日的好友，楚国大夫申包胥的信。伍子胥拿来信一看，上面大致说：你的仇已报了，还是早点回

春秋·战船

吴国吧，你要是真想灭楚的话，我就一定会复楚。伍子胥看后，沉思了很久，然后对送信的人说：烦你告诉申大夫，我十八年的积恨，到今天做得也许有点不近人情，但现在我也没有办法了。

申包胥听了送信的回报后，知道伍子胥灭楚的信念已经无法改变，只能用自己的行动去挽救楚国了。他想到秦楚两国曾联姻过，论辈分楚昭王还是秦哀公的外孙，所以决定向秦国求救。楚国的所有财物都被吴国人抢走了，申包胥没有马匹，就步行前往秦国，一路上不分黑天白日，脚上生出血泡，就把衣裳撕下一条，缠上脚后继续赶路。好不容易，申包胥到了秦国，哪知秦哀公并不愿意攻吴救楚。因为楚国距离秦国实在是太遥远了，对于秦国来说，无论是楚国还是吴国，哪一个国家统治江南地区都和自己关系不大，出兵攻吴，救了楚国，却损失了秦国的力量，是得不偿失的事情。申包胥见秦哀公没有出兵的意思，就不断地哀求，但总是被秦哀公敷衍过去。申包胥明白，中原诸侯都痛恨楚国，如果秦国都不帮忙，其他诸侯就更指望不上了，更何况，在当时也只有秦、晋、齐三个国家有能力击败吴国；齐国正处于内乱，晋国和楚国是世仇，申包胥只有把全部希望都寄托在秦国了。在这种情况下，秦国一再推托，申包胥下了狠心，他跪在秦国朝堂外痛哭流涕，恳求秦哀公出兵。秦哀公一天不同意，他就一天不起，一天、两天、三天……申包胥的眼中不再流泪，而开始流血，到第七天，秦哀公终于被申包胥的诚意打动了，叹息说：楚王虽然暴虐无道，但却有你这样好的臣子，看来楚国是命不该亡啊！秦国由此出兵。

秦哀公派出兵车五百辆攻吴救楚，打乱了吴国军队的部署，秦吴两国大军在楚国边界对峙。就在这个时候，吴王阖闾得到消息，他的弟弟夫概已率领一部分兵马潜回吴国，自立为王了。而且夫概还派出了使者，向越国借兵，答应送越王五座城池，让他拦击吴王阖闾的军队回朝。吴王阖闾见后方“失火”，没有办法，只好和楚国讲和，引兵返吴，楚国就这样躲过了一劫。

吴王阖闾回到吴国后很快就平息了夫概的叛乱。以后吴国又多次伐楚，楚国为避免亡国，将国都由郢城迁到鄀城，才躲开了吴国的锋芒。而由于吴王阖闾要报越国人趁吴国伐楚时偷袭吴军之仇，开始兴师伐越，吴楚大战刚刚结束，吴越大战又粉墨登场了。

四、吴越争霸

吴王阖闾回到吴国平定叛乱后，就打算向越国兴师问罪。早在吴楚大战的时候，孙武曾计划征服越国，但由于后来的形势发展打乱了吴国的兵力部署，孙武也就只好暂时放弃了。公元前496年，越王允常去世，勾践继越王位。吴王阖闾听后，认为越国新君年轻稚弱，国内政局尚未稳定，正是伐越的机会，便不听孙武等人的劝告，仓促出兵，想要一举灭掉越国。

吴越双方在槜李进行了一场殊死搏杀。那是一个傍晚，在血红的残阳下，越国三百死士高昂着头，光着上身站立在天地之间。他们的眼睛都好像在燃烧，在喷火，像是要把所有的吴兵都烧掉一样。吴国和越国都有相似的风俗，他们相信一个人要是带着一种怨气死去的话，他们死前的想法就可能实现，怨气越重，成功实现愿望的机会就越大（当然，这是一种迷信，但在春秋时期，人们却都十分相信）。从那些越国死士愤怒的眼神中可以看出，他们的愿望是要砍下所有吴军士兵的头！

越国死士慢慢地向吴军走去，走到两军中间停住了，他们举起手中的剑，瞪圆了眼睛，在同一时刻忽然手起剑落——割断了自己的喉咙。鲜红的液体顷刻间从他们的血管中喷出，染红了大地……

吴军士兵都看呆了。就在吴军惊叹、越国死士倒下的一刻，越国的军队突然杀了过来！面对越国军队突如其来的攻击，吴军将士还没有回过神来，战车就已经相撞，兵戈就已经相交。在越国士兵的喊杀声中，吴国军队被打得大败，漫山遍野都是吴国士兵的尸体。乱军中，吴王阖闾受伤，

回国后不久因伤口感染死去了……临死前，阖闾泪流满面，紧握住儿子夫差的手说："你永远不要忘记，是勾践杀了你的父亲！"

带着国恨家仇，夫差继承了父亲的遗志，登上了王位。"报仇雪耻"四个字已经牢牢地刻在了他的头脑中，永远无法抹去。夫差让他的臣子们每天见到他的第一件事就是大喊一声："夫差，还记得自己的仇恨吗？"夫差就立刻低下头回答："不敢忘，不能忘。"日复一日，月复一月，夫差兢兢业业地治理着国家。吴国的国力在逐渐恢复，离报仇雪耻的日子越来越近。

公元前494年，越王勾践听说夫差日夜练兵报仇，就亲率大军攻吴，欲在夫差羽翼未丰满时将其击败。夫差得到消息后，立即挑选精兵猛将，出兵迎击。这时的越王勾践十分骄横，他以为自己打败了吴王阖闾就可以称霸四方了，竟然为自己铸了一把"王者之剑"，根本不把夫差放在眼里。当他听说夫差率领军队向越军杀过来的时候，没有多想，调集好兵力，便在太湖椒山边上摆开了队伍。而夫差呢，这一年里想的都是怎么报仇。为了能出奇制胜，他分兵两路进军。一路由自己亲自统帅，从正面诱敌；另一支由伍子胥带领，夹击越军。这样一来，勾践可吃了大亏，被夫差两路军队合攻，给打得落花流水。最后勾践带着五千名甲士，被夫差围困在了会稽山上。危急时刻，勾践采用了大夫范蠡和文种的意见，用重金买通了吴国的大夫伯嚭，"卑辞厚礼"向夫差请求和解。经过伯嚭的一番劝说，夫差未能采用伍子胥的正确意见，接受了勾践的请降。而吴国在击败越国之后走上了称霸中原的道路。

夫差战胜越国之后开始在中原称霸。他不断地进军北方，先后征讨了陈、蔡、鲁、齐等国。正当夫差志得意满的时候，越王勾践却"卧薪尝胆"，在谋士范蠡、文种等人的辅佐下，经过"十年生聚，十年教训"的苦心经营，使越国日益强大起来。

最初吴王为防止越国东山再起，将勾践夫妇带到了吴国，安排在大坟旁边一间石屋里居住。每天，勾践都过着奴隶一样的生活，为夫差养马、喂马，夫差每次坐车外出时，都要让勾践给他拉马。这一时期，越国的国事都由文种代理，范蠡则陪同勾践夫妇一起到了吴国，照顾勾践夫妇的

饮食起居。两年以后，越国人再次买通了吴国大夫伯嚭，让他劝说吴王夫差放勾践回国。夫差听了伯嚭的话，也认为勾践真心归顺，便不顾伍子胥阻拦，放勾践回了越国，而孙武当时也已经归隐了。

勾践回到越国后，立志报仇雪耻。为了不让安逸的生活消磨去斗志，他把席子撤去，用柴草当褥子，在吃饭的地方挂上一个苦胆，每逢吃饭的时候，都先尝一口苦味，就像当年夫差一样，不断问自己：你是否已经忘记了会稽的耻辱？越国遭会稽一战后几乎亡国，人口大减，所以勾践夫妇除鼓励发展经济生产外，还订出了奖励生育的制度。勾践规定：上了年纪的人不准娶年轻的姑娘做媳妇，男子到了二十岁、女子到了十七岁还不成亲的，他们的父母要受一定的处罚；快要临盆的女人必须报官，好派官医去照顾她，添个小子，国王赏她一壶酒、一条狗，添个姑娘，国王赏她一壶酒、一口猪；有两个儿子的官家给养活一个，有三个儿子的官家给养活两个。经过十年的努力，文种管理国事，范蠡训练军队，越国的国力不仅得到了恢复，而且还超过了昔日。据说为了迷惑吴王夫差，扰乱吴国的国政，勾践还从民间搜选来了西施和郑旦两个美女送到了夫差身边。

伍子胥听说越王勾践的事情后，预感到越国将来必然成为吴国的大患。他数次劝谏吴王夫差，但因伯嚭的排挤与挑唆，反被夫差痛恨。夫差这时一心想击败齐国，成为中原霸主。伍子胥则反对夫差先对齐国用兵，

春秋·玉璜

提出必须先消灭越国，消除后患，夫差不听。伍子胥知道，这样下去吴国很有可能会灭亡，他自己受到吴王阖闾的重用才得以报仇雪耻，所以不能离开吴国，但他不愿意让自己的儿子受罪，就把儿子托付给了齐国的鲍氏家族。这件事情很快就被夫差知道了，夫差一气之下送给了伍子胥一把宝剑。伍子胥看到宝剑后气愤地自杀了。临死前，他对仆人说：在我的坟前种一株小树，树长高的时候，吴国也就灭亡了；把我的眼睛挂到吴国的城门上，我要亲眼看着这一天的到来。吴王听说后，就把伍子胥的尸体扔到了钱塘江里。民间百姓为表示对伍子胥的同情，就说钱塘江大潮就是由伍子胥的愤怒化作的。

公元前482年，夫差发兵打败了齐国，大军到了卫国的黄池约会诸侯，晋国、卫国、鲁国都参加了这次会盟，承认了夫差的霸主地位。正当夫差志得意满的时候，勾践出全国之兵，趁吴国精锐悉数北上时发动了征吴战争。越军长驱直入，一举击败了留守吴国的军队，杀死了吴国太子友。远在黄池的夫差听到后，向诸侯封锁消息，与晋定公匆忙订盟后，率大军日夜兼程返回吴国。公元前478年，吴国发生重大灾荒，越王勾践把握时机，率大军再度攻吴。双方的战斗异常激烈，越军两度攻打吴国都城姑苏，直到公元前473年才攻克吴都。城破后，吴王夫差自杀，吴国灭亡。

越王勾践灭吴后，也开始北进称霸。他率军渡过淮水，与齐、晋等国在徐州会盟，向周王进献了礼物，周元王派使者到徐州赐命越王勾践为侯伯。勾践回国后，分割了吴国的土地，将吴国淮上的土地全部分给了楚国，而将吴国侵占的宋国土地也归还给了宋国，吴国泗水以东的土地则分给了鲁国。越国军队一时间横行于江淮之间，越王勾践成为了春秋时期最后一名建立霸业的诸侯。

五、范蠡与西施

在吴越大战时期，有两位历史人物的故事一直在民间广为流传，还多次被改编为戏曲影视作品被搬上荧屏——他们就是范蠡与西施。范蠡功成身退，载美人西施荡漾于西子湖上，消失在碧波之中的爱情故事确实令人神往，但这些多是善良的百姓们美好的愿望而已，离真实的历史是有着相当距离的。

范蠡字少伯，是楚宛三户人，生于公元前517年，他是春秋末期著名的政治家、军事家和经济学家。范蠡出身贫寒，青少年时期生活困窘，平时连一件像样的衣服也没有，但他为人聪敏睿智、胸藏韬略，是一个天下少有的奇才。范蠡年轻的时候，按照《史记·注解》中的说法，他是一个“佯狂倜傥愤俗”的人。用今天的话讲，范蠡当年有点疯疯癫癫，狂放不羁，愤世嫉俗。辅佐越王勾践成就霸业的另一位重要人物文种也是楚国人。文种到达宛地做宛令的时候听说了范蠡的为人，就派下吏去拜见范蠡。吏官从范蠡家回来后对文种说：范蠡是本国的狂人，生来就有这个毛病。文种听后大笑说：“我听说一个人有贤能超凡的本领时，就一定会看起来十分狂妄，而实际上这种人的心里却有着与众不同的见地，人们无法理解他，所以也就只能误解诋毁他了。这一点不是你这样的人能够知道的。”不久，文种亲自驾车来见范蠡。范蠡起初以为文种是来捉拿他问罪的，就设法躲避文种。后来范蠡知道文种是来请他出世为官的，便从兄嫂那里借了一套体面的衣服，穿着妥当。等文种到来后，两人促膝而谈，

十分投缘，旁观的人看到后，都不敢相信眼前这位处事得体的人，就是以前疯疯癫癫的范蠡。

后来文种与范蠡都到了越国，为越王效力。两人为什么到达越国，有两种说法。一是认为楚国自康王以后，王室内为争夺王权，党同伐异，尔虞我诈，政治混乱，楚灵王死后，楚平王杀兄夺位，在位时期又重用费无忌，巧取儿媳，杀死了伍奢父子，政局一片混乱，所以文种与范蠡离开了楚国，到越国来施展自己的才能。另一种说法认为文种与范蠡是被楚国派去越国的。正像晋国扶植吴国牵制越国一样，楚国也扶植起了越国去牵制吴国。这种可能性是很大的，因为吴越战争期间，越国所联合的对象正是楚国。

文种与范蠡两人正式登上历史舞台的时间是在公元前494年的吴越夫椒之战中。越国在夫椒战败后，文种与范蠡两人辅佐越王恢复国力，训练士兵，“十年生聚，十年教训”，终于在公元前473年灭亡了。吴国灭亡后，范蠡决定归隐。临行前他找到文种，要他和自己一起走。范蠡对文种说：“飞鸟绝，良弓藏；狐兔尽，走狗烹。越王是一个可以与之共患难，却不能与他共享福的人。”文种没有范蠡那样的胸襟，看透荣华富贵不过是过眼云烟，他谢绝了范蠡的好意，留在了越王勾践的身边。几年以后，文种果然步伍子胥的后尘，接到了越王勾践的一把宝剑，含恨自刎了。

而范蠡离开越国后，带着儿子和门徒辗转到达了齐国。在齐国，范蠡改名为鸱夷子皮，于海边结庐而居。他一边组织家人齐心协力，垦荒耕作，一边晾晒海盐，进行盐业贸易。没有几年，范蠡就积累了数千万的家产。他富裕以后，仗义疏财，施善乡梓，被齐人赏识。齐王听说这个叫鸱夷子皮的人非常贤能后，就将他找来。这时，齐王可能猜到了范蠡的真实身份，所以要拜他为相。范蠡叹息说：“对于一个白手起家的布衣百姓而言，官能做到卿相，钱财可致千金，就已经到达极点了。在这种情况下再久受尊名的话，恐怕不是吉祥的征兆啊。”由于推托不过齐王的盛情，范蠡在齐国又做了三年的齐相。随后，他再次散尽家财给知交好友和百姓，更名换姓，带着家人，一身布衣地离开了齐国。

这一次迁徙，范蠡来到了定陶（今山东定陶西北）。在当时，定陶东

春秋·兽耳铜盏

邻齐、鲁；西接秦、郑；北通晋、燕；南连楚、越，交通便利，四通八达，是经商的极佳地点。在定陶，范蠡根据时节、气候、民情、风俗等，人弃我取、人取我与，顺其自然、伺机而动的经商原则，几年后他再度成为了当时的巨富，人们都称他为陶朱公。后世百姓，由于范蠡的传奇经历，竟然把他供为财神，而儒商们则更将其视为鼻祖，司马迁在《史记》中也说："范蠡三迁皆有荣名。"

范蠡一生共有三个儿子，在他晚年的时候，次子在楚国杀了人。范蠡知道后说：杀人偿命，是理所当然的事情。但我听说家有千金之人的孩子不应该在闹市中被斩首。于是范蠡装了满满一牛车的黄金，打算让他的幼子送到楚国去为自己的儿子赎命。这时范蠡的长子说：我作为长子，就有代替父亲管理家务的责任，为什么要把这么重要的事情交给我不懂事情的弟弟呢？范蠡的妻子也认为老伴儿在这件事情上处理得有点糊涂。范蠡没有办法，只好让长子去了。长子临走前，范蠡写了一封信交给了他，并特别叮嘱：把信和千金都交给楚国的庄生，一切让他办理就可以了，千万不要与他发生争执。

范蠡的长子把黄金送到楚国后，接受黄金的庄生看过信后，收下了黄金，然后让他赶快回去。但他救弟心切，担心庄生受了贿赂后不办事情，就又拿出自己的积蓄贿赂了楚国各个阶层的官吏。这时，庄生已求见楚王，说天上有星宿出现，说明楚国有不仁的事情发生，所以要求楚王赦免狱中所有的罪犯，楚王同意了他的要求。几天以后，楚王要赦免罪犯的消息传出，那些收受了范蠡长子贿赂的人立刻将这事情通知给了他。他听说后，

觉得这是楚王大赦罪犯，而庄生什么作用也没有起，就白白收了那么多的黄金，实在太说不过去了，于是他就来到庄生家索要黄金。原来庄生是一个清官，本来就没想要这些黄金。范蠡长子送金以后，他告诉自己的妻子：这些都是陶朱公的，我打算把事情办妥后再还给他。范蠡长子既来索要，庄生就让他到后院自己把金子拉走了。范蠡长子走后，庄生觉得自己被范蠡的长子出卖了，便再次求见楚王说："臣先前曾说过某星宿的事情，大王听后便想要修德政以告慰天下。可今天臣在外边听路人都说，陶朱公的儿子在楚国杀人被关押起来了，他家里用了很多金钱去贿赂楚王左右，所以大王这次的大赦不是为了体恤民情，而是为了救陶朱公公子罢了。"楚王听后大怒说："寡人虽然说不上是仁君，但也不至于为陶朱公儿子就施惠于民!"结果范蠡次子被杀，范蠡长子只好带着一车黄金回家报丧了。

范蠡长子到家后，全家人中除了范蠡外，没有一个不哭泣的。只听范蠡说：我已经知道他去后一定会杀死他的弟弟！他不是不爱他的弟弟，只是他当时不能够割舍一些东西罢了。长子从小的时候就和我在一起，懂得生活的艰难困苦，所以对钱财十分看重，不容易丢弃。而我的小儿子生下来的时候我已经是个富商了，他一天到晚在郊外骑良马追逐兔子，怎么会知道钱都是怎么赚来的呢？也正是因为这样，他视钱财如粪土，能够舍弃，一点都不爱惜。前些日子，我要派小儿子去，就是因为他不在乎钱财，能把事情办成。长子不能弃财，所以使他的弟弟被杀，一切都在情理之中，没什么好悲伤的，我啊，这几天一直在等着报丧呢……范蠡一生英明，可有些事情任何人都是无能为力的，白发人送黑发人，他真的就能够那么洒脱吗？

写到这里可能有人要问，怎么没有说到西施啊？难道西施和范蠡没有任何关系吗？应该说，即使有，关系也不会像民间传说中描述得那样密切。

西施本姓施，名夷光，是苎萝山下的西村人，所以被人们称为西施。她是春秋末年的越国美女，在中国古代的沉鱼落雁、闭月羞花这四大美女中，沉鱼指的就是她。所谓沉鱼，和西施浣纱的故事有关。是说一天西施在苎萝山下的西子湖畔洗衣服，她的美丽被湖中的鱼儿看到了，鱼儿们竟然害羞得沉入了湖底。

传说西施的体质很弱，有心口疼痛的毛病，因此会时常捂住胸口、皱起眉头。人们看见了，被西施的表情所吸引，称为西施捧心。苎萝山下的东村也有一个姓施的女孩，长得奇丑无比，人们称她为东施。东施见人们夸赞西施捧心的时候表情超凡脱俗，就学着西施的样子捂住胸口、皱起了眉头——结果把人都吓跑了。后人就把不分析自己的情况，胡乱模仿，最终适得其反的事称为东施效颦。

上面这些事情是否曾经真实地发生过并不重要。这些都不过是人们对这位绝世美女的追忆与赞美而已。公元前494年，吴越双方于夫椒一战，越军大败。西施便随着越王勾践复仇灭吴的志向，随着范蠡和文种的“美人计”，随着吴王夫差对她的宠爱，登上了历史舞台。

椒山大败后，范蠡陪同勾践夫妇一起在吴国做了近三年的奴隶。被吴王夫差放回后，为消磨吴王的锐气，范蠡和文种策划了“美人计”。他们在越国境内四处搜选美女。最后在苎萝山下，范蠡发现了西施。公元前485年，西施和另一位越国美女郑旦被送到了吴国。夫差对西施一见钟情，据说夫差为西施扩建了姑苏台，新建了馆娃宫；两人游玩时，泛舟用锦帆，赏月在玩月池，避暑有消夏湾。那么西施对吴王夫差的影响到底有多大呢？至少应该是没有消磨掉夫差的斗志。因为夫差得到西施后仍然在进行着逐鹿中原的争霸战争。西施可能是影响了夫差越国的军事策略，使夫差放松了对越国的警惕，把他的鹰瞵虎觑转向了北方。

公元前473年，越王勾践实现了他奋斗二十多年的愿望，将吴国灭亡了。吴王夫差拔剑自刎，姑苏台大火三月，这时候西施又到哪里去了呢？初唐诗人宋之问在他的《浣纱篇》中写道：

一朝还旧都，靓妆寻若耶，

鸟惊入松萝，鱼沉畏荷花。

这是诗人为西施这位奇女子而安排的美好结局。但事实却是悲惨的。吴国灭亡后，西施既没有平安地回到家乡，也没有如《越绝书》中说的那样“西施复归范蠡，同泛五湖而去”。在吴越战争后不久，战国时期成书的《墨子》中说：“比干之殪，其抗也；孟贲之死，其勇也；西施之沉，其美也；吴起之裂，其事也。”《墨子》成书时间与吴

越战争相距并不是太远，而文中举的比干、孟贲、吴起等例子均与史实相符，西施被沉湖的可能性也就很大了。类似的记载在《吴越春秋》、《吴越春秋逸篇》、《东周列国志》中也都曾提到过。真实的历史往往就是这么残酷的，越王勾践灭吴后，他不会留下一个亡国之女。如同夏亡施妹喜死，商灭苏妲己被斩，西施也没能逃过自己悲惨的命运。就像唐代诗人李商隐所写："肠断吴王宫外水，浊泥犹得葬西施。"一代红颜终被钱塘江的潮水所吞噬。

点 评

《孟子·告子下》中说：上天将要把重大使命降到某人身上，一定要先使他的意志受到磨炼，使他的筋骨受到劳累，使他的身体忍饥挨饿，使他备受穷困之苦，做事总是不能顺利。这样来磨炼他的心志，坚韧他的性情，增长他的才能。人总是要经常犯错误，然后才能改正错误。心气郁结，殚精竭虑，然后才能奋发而起，显露在脸色上，表达在声音中，然后才能被人了解。一个国家，内没有守法的大臣和辅佐的贤士，外没有敌对国家的忧患，往往容易亡国。由此可以知道，忧患使人生存，安逸享乐却足以使人败亡。

从吴楚大战到吴越大战，从越王勾践到吴王夫差，无论是伍子胥还是申包胥，他们能够成功，无一不是能忍常人所不能忍、为常人所不能为，才成就了一番事业。以吴王夫差为例，为了能替父报仇，夫差命令臣子们时刻警示、督促自己，使自己奋发图强，所以才会在两年之内迅速恢复国力，在椒山下一举击败越国，报仇雪耻。然而一位君王，在治理国家时，时刻都应该有一种忧患意识，以避免沉迷于享乐而国破家亡。夫差晚年亡国，就是因为他放松了对越国的警惕，在成就面前变得刚愎自用，以至杀死伍子胥，自断臂膀。真是：生于忧患而死于安乐也。

坚心忍性，勇于进取，是古往今来成就大事者的共同特点；生活颓废，腐化堕落，是古今失败者的共同点。我们大多数人都不是能主宰历史沉浮的伟大人物，但作为生活在平凡世界里的芸芸众生，我们也同样需

要有一种坚韧的性格。生活毕竟不是一条静静的长河，浪里行舟，总不会那么一帆风顺，只有你具备克服困难的毅力与勇气，才会到达生活的彼岸，获得美好的明天。

相关链接

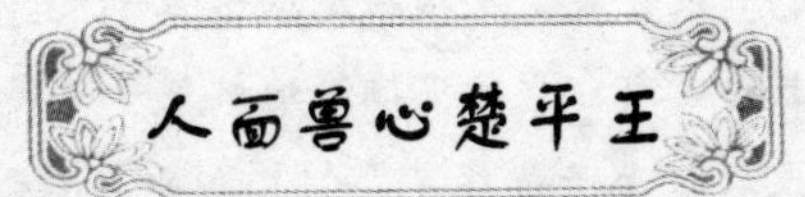

人面兽心楚平王

楚平王三年，平王决定给太子建娶妻。但楚国是一个大国，建作为太子，将来是要继承这个国家的，要给他找媳妇就一定得选择一个门当户对的。经过考虑，最后楚平王决定向西方的强国秦国提亲。

拿定主意后，平王将事情交给了自己的心腹费无忌去办理。费无忌是个专会讨主子欢心的无耻小人，而且他就像平王肚子里的蛔虫，对平王的喜好一清二楚。到了秦国，他一看秦王的女儿嬴氏长得美如天仙，心中就有了主意：这样的女子就那么嫁给太子对我有什么好处呢？与其嫁给太子，还不如献给平王，这样我一定会被平王更加信任、重用。

回到楚国郢都后，费无忌对平王说了嬴氏的事情。平王一听，马上就明白了费无忌的打算。他对费无忌说：你先把她安排到宫里，再不要和任何人提起秦女的事了，今晚我去看看。

当晚，楚平王真的来到了嬴氏下榻的寝宫。他喝退侍女后，一个人直接闯进了嬴氏的卧房。这时嬴氏才上床就寝，突然发觉身边立着个男人，“扑棱”一下就坐了起来，刚要叫喊，猛然看到身旁这人衣服上竟然绣有龙纹，到口的声音又强憋了回去。赶紧起身，跪到床下，低着头说：不知道太子今夜会来，没能迎接，是我的罪过。是啊！她哪会想到老公公会在半夜三更跑到没过门儿的儿媳妇房里呢！而楚平王一听，可乐了，心想：他竟然把我当成太子了！好，好，真是老天有意成全这件美事啊！

楚平王整了整长袍，然后说：把头抬起来让我看看吧。这一看可不

要紧，真是一个愁来一个喜。这愁的自然是嬴氏。她这脑子里就跟那翻江倒海一个样：爹！娘！这到底是怎么回事啊！不是说是一个风流俊雅的青年太子吗？看看眼前的人吧，满头白发，一脑门岁月痕，都可以做我爹了！而那喜的自然是楚平王，看见面前美貌如花的嬴氏，立即邪念顿生：干脆，我今晚就和她圆房得了，省得夜长梦多。至于太子，哪管他乐意不乐意。

这一晚上，楚平王假冒太子硬赖在嬴氏房里不走。可怜嬴氏身在异域他乡，早成了菜板上的鱼肉，竟稀里糊涂地被楚平王霸占了。

楚平王得到嬴氏后，太子虽然不高兴，但也不敢和自己的父亲对抗。而费无忌与太子的太傅伍奢有仇，费无忌就在楚平王的面前编造说太子有谋反的企图。楚平王本来就心虚，为了杜绝后患，就下令处死太子和伍奢。可执行命令的楚国官吏知道这事情中的原委，同情太子，便在逮捕太子的路上有意放慢速度，让太子建逃跑了，只抓到了太傅伍奢。

楚平王让伍奢写信给自己的两个儿子伍尚和伍子胥。伍奢说：伍尚仁厚，听说我被抓后一定会来；伍子胥刚强多智，他是不会来的。果然，伍尚和伍子胥收到信后，伍子胥劝说兄长和自己一起逃走，而伍尚说：我也知道这信是平王逼迫父亲写的，可我怎么能把父亲一个人留下呢？报仇的事情就交给你了。就这样伍尚回到郢都，同伍奢一起被斩首了。

伍子胥则逃出了楚国，后来历尽千辛万苦到达吴国，辅佐吴王伐楚。十八年后，吴王击败楚国，攻破了郢都。这时楚平王已死。伍子胥便将楚平王的尸体从坟墓中拖出，鞭尸三百，报了父兄之仇。

第九章
战国风云(上)

一、三家分晋

如果用“争霸”两个字来概括春秋时期历史的话，那么战国时期就是一个兼并与变革的时代。战国开始的标志是“三家分晋”，前边笔者已经对这一史实进行了简单地描述，但由于其在历史上的重要性，这里将进行详细的叙述。

在公元前 544 年前后，晋国公室卑弱，政在私门，政权旁落到韩、赵、魏、范、中行、智氏等六卿手中。在这样的形势下，私门与公室，以及六卿之间的明争暗斗愈演愈烈。公元前 497 年，赵氏家族所统治的邯郸地区发生叛乱，范氏与中行氏帮助反叛赵氏的家臣攻击赵简子，赵简子退保晋阳。韩、魏两家因与范氏、中行氏有仇，便在智跞的率领下，趁机出兵击败了范氏与中行氏，救助了赵氏。范氏与中行氏战败，只好逃到了齐国，晋国政权掌握在了智氏与赵、韩、魏四卿的手中。公元前 456 年，智氏与赵、韩、魏私分了范氏与中行氏的土地，晋出公听说后大怒，计划联合齐、鲁两国势力出兵剿平智伯瑶、赵襄子、魏桓子与韩康子四卿。智氏与赵、韩、魏四家知道后，先发制人，出兵攻晋，晋出公战败，死在了逃往齐国的路上。晋出公死后，智伯瑶立了晋昭公的曾孙骄，是为晋哀公，晋国朝政转落入智氏手中。

讲到这里，有必要说一下智伯瑶的为人，这与后来的三家分晋有直接关系。智伯瑶和智宵都是智宣子的儿子。当初智宣子要确定智伯瑶为继承人时，族人智果劝他不如立智宵，因为智果知道智伯瑶是一个有才无德的

人，将智氏家族的命运交给智伯瑶必然会荡家覆宗。但智宣子没有接受智果的劝告，坚持将智伯瑶立为了继承人。智伯瑶被立后，智果与智氏家族断绝了关系，自立一宗，改姓辅氏。

智伯瑶继位后，对内消灭了范、中行两氏，驱逐了晋出公，将晋哀公推上了公位，大权独揽；对外兴兵伐齐，两度讨郑，战功赫赫，威震诸侯，确实有所作为。然而他为人的贪得无厌，好大喜功，骄奢淫逸，刚愎自用等缺点也暴露了出来。智伯瑶的这些缺点使他四处结怨，终于导致了自己的灭亡。

有一次，智伯瑶与韩康子、魏桓子在蓝台宴饮，酒宴上他喝得兴起，竟然戏弄起韩康子，使得韩康子大感尴尬。智伯瑶与赵襄子结怨最早、最深。公元前464年，智伯瑶伐郑，当时赵简子的儿子赵襄子还未继位，随智伯瑶一同出征。智伯瑶酒醉后，大发酒疯，醉酒殴击赵襄子。赵氏家臣纷纷要求以死相拼，被襄子劝阻了，他说：“正是因我能够忍辱，父亲才会立我为世子。”但他内心已对智伯瑶有了刻骨的仇恨。

智伯瑶立晋哀公后，独揽朝纲，成为四卿中势力最大的大夫。这引起了赵、魏、韩三家的忌惮与不满。智伯瑶为削减赵、魏、韩三家的势力，稳固自己的地位，采用了借晋哀公的名

春秋·提梁虎形铜灶

义收取三家土地的策略。他先向韩康子索要了一百里的土地和户口，韩康子如数交割了。跟着智伯瑶又派人向魏桓子也征收了一百里的土地和户口，魏桓子敢怒不敢言，也只好如数交割了。当智伯瑶增加了二百里的土地和户口，再向赵襄子讨要土地时，遭到了赵襄子的拒绝。赵襄子强硬地回答说："土地是先人留下的产业，韩、魏两家愿意送上，是他们的事情，我可办不到。"智伯瑶得知后立即以晋哀公的名义，率领韩、魏两家联军一同攻打赵襄子，并许诺灭赵氏后，将把赵家的土地和户口平分。

公元前455年，智伯瑶与韩、魏两家军队一同讨伐赵襄子。赵襄子自知寡不敌众，不宜硬拼，便死守晋阳不出。晋阳原是由赵氏已故家臣董安于设计，尹铎经营的，城高墙厚，城内储备充足，易守难攻。当初赵简子派尹铎治理晋阳，尹铎专门请示赵简子："我经营晋阳是为赵氏输送财赋呢，还是为赵氏建立稳固的根据地呢？"简子回答他是建设一个稳固的后方。明确了自己的任务后，尹铎到晋阳后大大减少了实际的征收税额，晋阳百姓由此得到实惠，以致心向赵家。智伯瑶率韩、魏两家围攻晋阳，晋阳官兵百姓上下齐心，坚守半年，仍然气势不减。可久守城池，晋阳城中的弓箭快用尽了，这使得赵襄子十分担忧。这时谋士张孟谈突然想到了什么，就对赵襄子说："人们都说当年董安于在设计晋阳城的时候，在宫殿里储备了无数的箭枝，咱们为什么不找找看呢？"张孟谈的一句话提醒了赵襄子。他立刻叫人把宫墙拆去了一段，果然发现里面全是做箭杆的现成材料。于是他又下令拆了宫殿中的几根大铜柱子，铸成了箭头，这样一来，弓箭多得足可以支持几年。赵襄子看到这些，深深地感受到了能臣的未雨绸缪，他叹息地说："如果没有董安于，如今上哪儿能找到这么多的箭呢？如果没有尹铎，晋阳的老百姓又哪儿能这样视死如归地和我们赵家站在一起呢？"

就这样，攻守双方在晋阳城下展开了拉锯战，一年多的时间过去了，晋阳城仍然屹立不倒。这一天，智伯瑶走到山上察看地形，当他看到自龙山而下，过晋阳城东北向下游流去的晋水时，不觉一拍脑门儿，自言自语地说："现在正是雨季，我为什么不用水攻呢！"想到这里，智伯瑶吩咐士兵们在晋水旁边另外挖一条河，将晋水引向西南，一直通到晋阳城下，

并在晋水上游造了一个很大的蓄水坑，拦水筑坝，截住了东流的晋水。几天后，大雨瓢泼，蓄水坑很快就积满了。这时智伯瑶叫士兵们在河坝上开了个豁口，汹涌的洪水从豁口涌出，沿西南河道直冲晋阳，倒灌入城里。不到两天的时间，晋阳城便成了一片沼国，房屋被淹没过半，城中百姓只能跑到房顶和高地上避难。可即使是这样，晋阳城中的百姓仍然拒绝投降，他们用竹排、木板做成筏子，烧火、做饭都跑到了城头上，继续与赵襄子一起坚持抵抗。

民心固然没变，可是再这样下去，不用智伯瑶攻打，城里的人也都要被洪水淹死了。在这种情况下，赵襄子只好破釜沉舟，把希望寄托在韩、魏两家身上了。赵襄子知道韩家和魏家并不是甘心情愿地为智伯瑶效力，他决定说服韩康子和魏桓子，倒戈攻击智家。他和张孟谈商量后，夜里用木筏将张孟谈送出了城。

而智伯瑶看到水淹晋阳的情景后，大感痛快。他把韩康子和魏桓子请到跟前，指着洪水中的晋阳城说："看看吧，我不用交战，就能够让晋水替我消灭赵襄子啦！晋阳就快完了。早先晋水就像城墙一样拦住了我军，今天它就要将晋阳淹没，水能够护国，也能够灭国，看来如果不注意的话，大河也会成为祸患啊！所以说，晋水能够淹晋阳，汾水就能淹安邑，那绛水也就能淹平阳了。你们说，是不是啊？"安邑是魏氏家族的大城，平阳则是韩氏家族的大城，智伯瑶对魏桓子和韩康子说这种话，摆明了是在威胁他们。"人为刀俎，我为鱼肉"，魏桓子和韩康子在这种情况下还能说什么呢？也恰恰应了那句话，得意忘形，骄兵必败。就在智伯瑶自鸣得意，被眼前暂时的成功冲昏头脑的时候，张孟谈在夜色的掩护下偷偷地潜进了韩、魏两家的军营。张孟谈的到来，与其说是张孟谈为赵襄子向韩、魏两家求救，倒不如说是韩、魏两家在彷徨不知所措，为自己和家族的命运担忧的时候，天上掉下了一棵救命稻草。三家会面，各说情况后，一拍即合，决定共同进攻智氏。

水淹晋阳后的第三天晚上，韩、魏两家拆除了大坝，将晋水导向了智伯瑶的军营，随后三家水兵乘坐木筏一同向智伯瑶杀去。智伯瑶在睡梦中被洪水冲醒，听见四周三家军队的喊杀声，明白是韩、魏两家也反叛自

己了。他在家臣的掩护下准备逃脱，途中被赵襄子截杀。智氏家臣智国见智伯瑶被斩也挥剑自刎了。智伯瑶被击败后，智氏家族被灭族，仅有智果一门因改为辅氏得以保全，而智伯瑶的头盖骨被赵襄子涂上油漆，制成了饮器。公元前 453 年，智氏土地全被韩、赵、魏三家平分。

智伯瑶的家臣豫让经血战后杀出了重围，他发誓要为智伯瑶报仇。豫让曾多次行刺赵襄子，但都未能成功。最后一次，他自毁容貌，吞下火炭弄哑了嗓子，扮做街头的乞丐寻找机会，可还是被赵襄子发现并擒拿住了。赵襄子本想放了他，而豫让此时万念俱灰，和智国一样自刎死去。

晋阳大战后，晋国公室的权力完全控制在了韩、赵、魏三家手中。公元前 437 年，晋哀公去世，其子柳继位，是为晋幽公。晋幽公时，幽公不但无法号令韩、赵、魏三家，反而自己还得去朝见三家之主。晋国公室只保留着对绛与曲沃二邑的控制能力。公元前 425 年，赵襄子病逝，随后韩康子和魏桓子相继病逝。公元前 403 年，韩、赵、魏三家的继承人韩虔、赵籍和魏斯向周威烈王请封，韩、赵、魏三家遂被封为诸侯，中国历史进入战国时期。韩、赵、魏三家受封后，各自设立了宗庙，宣告天下各方诸侯，除秦国外，各诸侯国都派人表示祝贺。晋幽公死后，晋国又经过了烈公、孝公两代君主，晋孝公二十年，赵成侯和韩共侯将晋孝公迁到了屯留，晋国灭亡，晋国土地彻底被三家瓜分。

二、战国之七雄

春秋时期的一百多个诸侯国，到战国初期，只存在二十余个诸侯国了。这二十余个诸侯国中以秦、楚、齐、燕、韩、赵、魏七国最强大，历史上称为“战国七雄”。战国是变革的时代，战国时期七雄的政治军事情况与春秋时期不同，发生了明显的变化。

在战国时期各国通过变法，先后建立了以王为首的中央集权制国家，再不需要像春秋时期的各诸侯国那样“挟天子以令诸侯”。王是一国之君，相是百官之长，其下是各级官僚。同时出现职业军官，将相开始分离；相处理日常政务，将统兵打仗。在这一时期，任贤使能，因功予赏成为各国选官的基本原则，西周以来的世卿世禄制度已经被彻底废除，形成了“宰相必起于州部，猛将必发于卒伍”的局面。战国时期，国君任命官员，不再以封邑作为俸禄，而普遍实行用粮食作为官俸的制度。官员施行政务以“玺”为凭信，将军出兵打仗以“符”为信，从而加强了中央对百官、军队的控制，玺和符于是成为国君任免官员的一种凭证。春秋以前国人当兵，野人不当兵，当兵是一种从氏族社会流传下来的权利和荣誉。这种军事体制无法适应战国时期战争规模及形式的巨大变化。战国时期实行普遍兵役制，当兵成为每一个人须尽的义务和责任。在普遍兵役制的基础上，各国都建立了自己的常备军，如秦国的常备军称为虎贲之士；楚、齐、赵、燕等国则称为带甲。到战国中期以后，在诸侯国的常备军中还出现了雇佣兵。

战争是战国时期的一个重要特征。通过“战国七雄”间的战争，土地不断被兼并，中华开始走向统一。在战国七雄中首先强大起来的是魏国。在战国初期，魏文侯武用乐羊子、吴起，文用李悝变法、西门豹治政，兴修水利，开发川泽，使魏国开始在韩、赵、魏这三晋国家中迅速崛起。魏文侯去世后，公元前369年，魏惠王即位，他继承了魏文侯的事业，进一步推行改革措施。他兴修水利，开发川泽，任用庞涓开疆阔土，开创了“武卒”的制度，采用一定的标准，通过考选选拔“武卒”，使魏国的经济实力和军事力量都大大增强。公元前356年，韩、卫、鲁、宋四国朝见魏惠王，承认了魏国在中原的霸主地位。

公元前354年，赵国对卫国发动进攻。作为盟主，魏惠王发兵救卫，开始了魏赵两国间的战争。魏国率领宋、卫联军进攻赵国，包围了赵都邯郸。赵国寡不敌众，于公元前353年向齐求救。齐国派田忌为将，孙膑为军师，率军救赵。军师孙膑采用了围魏救赵的计策，避实击虚，攻敌之必救，率齐军避开了邯郸方面的魏军主力，直奔魏都大梁。魏军主帅庞涓闻讯，只好从邯郸撤围回救大梁。当魏军走到桂陵时，遭到齐军伏击，被打得大败。魏国的势力在桂陵一战中有所损失，但仍是七雄中极为强大的国家。当时秦、楚两国见魏国战败，就想趁火打劫，派兵进攻魏国。而魏国则在公元前352年攻下了赵都邯郸，随后与韩国在襄陵会合，一举击败了齐、宋、卫的联军，迫使齐国、赵国、楚国与自己结盟。跟着，魏国又出兵进攻尚未臣服的秦国。秦孝公在魏军的强大压力下，只好在公元前350年于彤地与魏惠王会面修好。秦孝公采用商鞅的策略，尊魏为王，将魏军进攻的矛头引向齐、楚。公元前344年，魏惠王在今河南开封南召集宋、卫、邹、鲁等国国君及秦公子少官参加会盟，魏惠王“乘夏车，称夏王，朝为天子”，威名行于天下，魏国的国势至此达到鼎盛。

公元前342年，魏韩两国关系破裂，魏国进攻韩国，交战一年，双方在持久战中都已经筋疲力尽，韩国只得向齐求救。齐国再度命田忌为将，孙膑为军师出兵伐魏救韩。孙膑故伎重施，直攻魏都大梁，引诱魏军远道回救。齐军进入魏地后，孙膑巧施“减灶诱敌”的计策，三天之内从10万灶减至两万，使魏将庞涓误以为齐军胆怯，士兵大量逃亡。于是庞涓率

魏军精锐部队日夜兼程，轻装追击，在马陵被齐国围歼，齐军万弩俱发，魏军全面崩溃，主帅庞涓战败自杀，太子申被俘。马陵一战魏国元气大伤，魏人成为天下共主的梦想彻底破灭。在马陵一战随后的几年中，秦、赵、齐等国三面夹击魏国，魏将公子昂与魏错都做了俘虏。迫于形势的发展，公元前334年，魏惠王只好采用相国惠施的建议，向齐国屈节求和，率领韩昭侯等，到齐国的徐州朝见齐威王，尊齐威王为王。齐威王为不让自己重步魏国的后尘，成为众矢之的，他也承认了魏惠王的王号，这就是历史上的“徐州相王”一事。“徐州相王”虽使魏国暂时摆脱了四面作战的危难局面，但是魏国的力量已今非昔比，强盛景象一去不返。

“徐州相王”以后，秦国开始在合纵连横、变幻莫测的乱世中逐渐强大起来。秦国为防止魏国东山再起，于公元前332年大举攻魏，前后两年，最终取得胜利，斩首魏军八万，俘获魏将龙贾，夺取了魏国的上郡雕阴。秦军旋即乘胜东进，尽得魏国的河西之地，并攻占了魏国曲沃和焦两座重要城池，从而建立起了秦人东进的桥头阵地，实现了自秦穆公以来，秦人一直想要挺进中原的梦想。因秦国强大，中原弱国为得以生存，提出了“合纵”政策，即“合众弱以抗一强”。同时强国为获得更重要的政治地位，发展自己的势力，也提出了“事一强而攻众弱”的“连横”策略。战国中期便出现了一场外交战争，纵横捭阖，政治风雨变化不定。在合纵与连横的政治斗争中，最终的受益者是秦国。公元前320年，秦军假道魏、韩攻齐，被齐将匡章击败，秦国势力遭受重挫。在张仪的倡议下，秦国转连横为合纵，抗衡齐国，使秦国得以喘息。公元前318年，魏、赵、韩、楚、燕五国推举楚怀王为纵长，联合伐秦，秦军扼守函谷关，对联军给予反击，迫使五国退兵。公元前318年，秦国乘机反攻，先后重创韩、赵，最后瓦解了崤函以东各国的合纵局面。这时秦军已成为雄傲天下的劲旅，为后来的秦王嬴政一统天下奠定了基础。

从公元前310年开始，进入秦、齐、赵三强鼎立的格局。秦昭襄王即位后，秦楚两国结为盟友，秦国还将上庸划给了楚国。秦、楚的联合，使得魏、韩为求自保，不得不向齐国靠拢。公元前303年，齐、韩、魏三国第一次联合伐楚，楚国向秦求救，秦出兵干预，迫使三国退兵。两年以

后，也就是公元前301年，齐、韩、魏三国再度大举伐楚。楚国仍向秦告急，这一次被秦国拒绝，使得三国联军大败楚军于垂沙，杀死了楚将唐昧，夺取了楚国宛、叶以北的土地。秦国见楚国落败，便也乘机伐楚，攻取了楚的新城。楚人只好送太子横去齐国做人质，向齐国求和。秦国为了再度拉拢楚国，防止楚人完全倒向齐国，也将泾阳君送到了齐国去做人质。齐国在这时的地位得到了显著提高。公元前298年，齐、魏、韩三国再度合纵攻秦。这一战持续了三年之久，三国攻入函谷关，最终迫使秦向三国求和，归还了以前攻占的韩、魏土地。齐国由此成为东方诸侯中能与秦抗衡的一个重要国家。

在秦国与齐国争雄的时候，公元前307年，赵国经赵武灵王“胡服骑射”，革新内政，迅速壮大起来。公元前296年，赵国灭掉了中山国，向北部及西北部拓展疆土，先后击败了林胡、河宗氏、休溷诸貉及楼烦，收编了林胡及楼烦的军队，使赵国的战斗力不断增强，在政治与军事势力上超过了魏、韩、楚、燕等国。

公元前286年，齐国派大军攻灭了宋国，势力急速膨胀，超过了当时所有的国家，打破了原有的政治格局，使各国都感受到了齐国对自己的

战国战车（复原模型）

威胁。在这种情况下，公元前284年，身兼赵、燕两国相印的乐毅统率秦、赵、魏、韩、燕五国大军联合伐齐，在济西大败齐军，并攻入齐都临淄，迫使齐湣王与太后出奔到莒。五国破齐后开始对齐国进行瓜分。乐毅为彻底消除齐国对燕国的威胁，对齐国采用了灭亡政策，独率燕军继续攻打齐国各地，五年内先后攻下了七十多城，只剩下即墨和莒因齐军坚守，没能被攻占。燕昭王去世后，公元前278年，惠王即位。因燕惠王的猜忌，乐毅只好逃到赵国。乐毅被撤后，齐国即墨守将田单假意向燕军投降，以火牛阵攻破燕军大营，杀死了燕军主将骑劫。随后田单率军反击，很快就收复了被燕军占领的七十多座城池，齐国得以复国。但从此以后，齐国再无力量称雄，能与秦国抗衡的就只有赵国了。

赵国在赵惠文王时期能臣名将辈出，文有蔺相如，武有乐毅、廉颇、赵奢，赵国进入鼎盛时期。赵国地处战略要地，其凭借强大的军事势力，抑强秦四十年，使秦国不敢轻举妄动。秦国几次想要兼并魏国，都被赵国出兵击退。公元前269年，秦军进攻赵国的阏于，赵将赵奢迎战。他先制造了赵军胆怯的假象，乘秦军不备，以两天一夜的速度急行赶到阏于，一举击溃秦军。不久，秦军又进攻赵地裳，也被赵将廉颇击败。秦军的几次受挫，使得东进的势头再次减缓下来。

公元前266年，范雎为秦相，提出了“远交而近攻”，“得寸则王之寸，得尺亦王之尺”的战略，开启了秦国一统天下的局势。公元前262年，秦、赵两国开始了长平之战。公元前260年，纸上谈兵的赵括接替了富有经验的老将廉颇。赵括中秦将白起的计策，率军深入，被秦军围困四十六天，最后赵国四十多万大军全军覆没，被白起坑杀。赵国从此一蹶不振，天下开始逐步被秦人蚕食。到公元前221年，齐国灭亡，秦始皇一统天下，暂时结束了在中华大地上持续了近五个半世纪的战乱。

三、李悝在魏国的变法

粗略地了解了战国时期各国之间的状况后，下面开始具体对战国时期的一些重要事件进行叙述。当然首先要从魏国的变法开始。魏文侯时期，魏国用李悝变法，不仅使魏国得以强盛，同时也是战国时期各国变法的开始。

战国时期是变法革新的时代，如李悝在魏国的变法、吴起在楚国的变法、商鞅在秦国的变法、赵国赵武灵王的胡服骑射以及公仲连的改革、申不害在韩国的改革、邹忌在齐国的改革、乐毅对燕国的革新等。

魏文侯为魏桓子之子，名斯。魏文侯时期，为实现富国强兵，他任用李悝为相，对魏国进行变法。李悝的思想属于法家，他对魏国的变法主要包括四个方面，即鼓励农业生产，调整粮食价格，制定刑法和招揽人才。

在鼓励农业生产方面，李悝推行“尽地力之教”的政策，还制定了发展农业的政策和规定。在这一方面李悝主要是由规定来强制推广普及正确的农耕方法，以提高魏国的经济实力。为了保证魏国的国家收入和农民利益的协调，李悝根据农民收成的好坏，制定了政府对粮价进行宏观调控的政策，以此来平抑粮价。这一政策为后世历代王朝所推行沿用。李悝还参考当时各国的法律，制定并在魏国颁布了《法经》。《法经》内容共分六个部分，分别是《盗法》、《贼法》、《囚法》、《捕法》、《杂法》和《具法》，是我国历史上第一部有文字可考的较为系统完备的刑法法典。《法经》的颁布在当时就产生了巨大的影响，商鞅就是带着这

部《法经》从魏入秦，在秦国进行变法的。以后秦国的《秦律》以及秦朝以后的《汉律》，都是以《法经》为基础，进一步补充、修订而成的。第四点就是李悝为招揽人才，实行“有能而赏必行、罚必当”的政策，使得身份低微的人也可以为官，正是“不拘一格降人才”，令魏国迅速强大了起来。

在李悝变法时期，魏国政坛涌现了一大批杰出人物，如翟黄、吴起、西门豹、乐羊子、北门可、屈侯鲋等人，可说是群英荟萃。在这里，我们也不妨了解一些他们的故事。

首先说乐羊子。乐羊子是春秋末期著名的军事家，传说他的成功与他的妻子有很大关系。最初乐羊子在家里务农。有一天，他正在田间锄草，锄着、锄着，竟然锄出了一块金砖。乐羊子十分高兴，抱起金砖就往家里跑，想让妻子看看。可没想到，到了家里，乐羊子把金砖给妻子一看，妻子竟然捂着脸，呜呜呜地哭了起来……

妻子一哭，乐羊子可慌了，赶紧安慰妻子，问她这是怎么了。妻子哭了半天，才抬起头来对乐羊子说：“金子虽然很重要，可人的心灵比金子还重要。我听说高尚的人从来不喝‘盗泉’里的水，自爱的人不会拾取路边的金子。我的丈夫，你要知道，金子总有花完的那一天，懒惰的人没了金子只能等死。只有勤劳的人靠着一双手，才会创造出永远花不完的金子!”

乐羊子听了妻子的话觉得很羞愧，马上转身出门把金子丢了。事情过后，乐羊子越想越不是滋味。第二天，他对妻子说：“你说得对，一个男人应该勤奋才行。我决定出门学艺，等有了本事后再回来，做一个顶天立地的男子汉。”妻子听了，也非常支持。就这样，乐羊子背上行囊外出拜师学艺去了。

时间过得很快，一晃小半年过去了。这一天，乐羊子的妻子正在家中织布，突然门开了，乐羊子走了进来。妻子看见乐羊子回来，赶紧笑着把他身上的包裹接了过去，然后倒了一杯水，才关心地问他这半年来的情况。“怎么这么快就回来了，学业完成了吗?”乐羊子的妻子问。

乐羊子掸了掸身上的尘土说：“没有，还早着呢！我是想你了，最近

两天老是睡不着觉，这不就回来了。”

乐羊子的妻子听完，走到织布机跟前，拿起剪刀，只听“咔嚓”一声，眼看快要织成的布全被铰断，散落在了地上。乐羊子呆呆地看着妻子，只见她转过身来对乐羊子说：“我的丈夫，你看到这布了吗？我一日日、一夜夜、一梭梭、一线线，才织成今天这个样子，眼看着就要织完了，现在这样把它剪断，过去的工作就都白费了。学习也和这织布一样，还没有学完，你就中间辍学，那么过去的时间也就浪费了……”

乐羊子听了，脸红了，说不出话来，默默地背上行囊再次走出家门，学艺去了……这一次，乐羊子时刻牢记妻子的话，认认真真地学习。数年以后，他学业有成，成为魏国的名将。

公元前 408 年，魏文侯决心要去收服魏国东北边的中山国。中山国原是晋国的属国，三家分晋后，中山独立，不再臣服于韩、赵、魏三家的任何一方。经翟黄推荐，魏文侯拜乐羊子为大将，西门豹为副将，出兵五万进攻中山国。中山国君姬窟得知后，派大将鼓须带兵迎击，双方激战一个多月，乐羊子和西门豹以火攻大败鼓须，进而追至中山城下。

当时乐羊子的儿子乐舒，正在中山做官，中山大夫公孙焦将这件事告诉了姬窟。姬窟就

战国·银首人俑铜灯

叫乐舒去劝乐羊子退兵。乐羊子当然不会答应，不过为了收取中山国的人心，乐羊子答应停战两个月。消息传回魏国，魏国上下议论纷纷，都认为乐羊子是为了儿子不敢攻城，这样下去，中山就别想收服了。只有魏文侯不表态，反而接连不断地打发人去慰劳乐羊子，还告诉他已经为他新盖了宅院，就只等他凯旋而归了。

两个月后，中山国依旧坚守不降。乐羊子准备攻城，姬窟便将乐舒绑在了城楼上威胁乐羊子。乐羊子看到被绑在城楼上苦苦哀求的乐舒时说："你贪图富贵，不知道进退，真是个没出息的小子！你做了高官，既不能劝告国君改邪归正，又不能设法守城，更不愿投降，还在那里叫唤什么?"说完他就准备用弓箭射乐舒。可箭还没有射出，乐舒就被公孙焦从城头上拉了下来。公孙焦对姬窟说："乐舒不能阻止乐羊子也是有罪的呀。"姬窟听后杀死了乐舒，将乐舒的尸首煮成肉羹送给了乐羊子，想打击乐羊子的信心。乐羊子见了用儿子的肉做成的肉羹，面不改色，下令加紧攻城，将城门撞开，杀死了姬窟。

占领中山后，乐羊子安抚了中山的百姓，废除了姬窟定下的暴虐法令，让西门豹带五千士兵留守中山，自己率大军回到了魏都安邑。在魏都安邑城外，魏文侯亲自出城迎接，乐羊子献上中山的地图和战利品。魏文侯设宴接风。宴会结束时，魏文侯送给了乐羊子一只大箱子，里边装的都是朝中大臣对他的弹劾奏折。魏文侯对他说："除了我，没有人能够这么信任你；除了你，也没有人能够这样收服中山了。"

乐羊子回到安邑后不久就被魏文侯封为灵寿君，去灵寿赴任了。乐羊子的副将西门豹也被魏文侯从中山召回，改封自己的儿子做了中山侯，西门豹则被另派到邺城去做守备。邺城，西面是韩国的上党，北面是赵国的邯郸，夹在韩赵两国之间，是魏国的重要门户。所以西门豹到邺城后，能否取得当地民心，成为长期镇守邺城的关键。

西门豹初到邺城时，邺城地区由于时常发生战争，河防长期缺乏维护，使得漳河泛滥，百姓纷纷外迁，以致人口稀少，非常凄凉。当地官吏面对灾情，不积极治理，反而趁机与巫婆勾结，以河伯娶妻为名，敲诈无知的贫苦百姓。更为可恶的是，为了更多地搜刮钱财，官吏和巫婆每年春

天都要挨家挨户地搜选年轻美貌的女子，献给河伯为妻。有钱的大户当然可以出钱为自己的女儿赎身，可要是碰上那些一贫如洗的小老百姓，就只能眼睁睁地看着自己的女儿被扔进河里活活淹死了。

西门豹到达邺城后，了解到了这些情况，非常气愤，决定惩治贪官污吏，以及视人命如草芥的巫婆。但直接揭穿阴谋是不行的，当地多数的老百姓能心甘情愿地献出自己的女儿，不仅仅是因为惧怕官府的势力，更重要的是他们也确实相信真有河伯。直接告诉人们没有什么河伯的话，不但不会有多少人相信，还有可能适得其反，让百姓误以为自己是亵渎神灵，最后好事变成坏事，甚至激起民愤。

西门豹经过思考后，有了办法。又到了河伯娶媳妇的日期，西门豹也带着一队武士来到河岸边看热闹。不一会儿，巫婆带着她的二十来个女徒弟，手里拿着香炉、拂尘，吹吹打打地到河边“送亲”来了。巫婆折腾了半天，各项仪式完毕后，她正要让人把哭哭啼啼的新“媳妇”扔到河里去的时候，突然被西门豹制止住了。西门豹快步上前，对巫婆说：“河伯是救护我们一年收成的大神，他的媳妇必须挑个特别漂亮的美人儿才行。这个小姑娘太一般了。烦巫婆劳驾先去跟河伯说一声，我打算另外挑选一个更好看的姑娘，择日再送。好了，你去吧，我在这儿等你回信。”西门豹说完一挥手，还没等巫婆喊出声来，就被西门豹的武士扔进了河里。漳水很疾，巫婆在河里只扑腾了两下，就沉下去了。

百姓们看着西门豹，被弄得莫名其妙，都站在那里傻等着巫婆回来，可官吏与巫婆的女徒弟们可被眼前的景象给吓坏了。过了许久，河岸上一点声音也没有，只听见河里滔滔的流水声。西门豹又说话了：“巫婆大人看来是上了年纪，走得太慢了，去了这么半天还不回来。”说着他把目光转到巫婆的女徒弟们身上，然后对她们说：“你们也去两个人看看吧，到底是什么事让巫婆大人耽搁了！”说完，西门豹又一挥手，巫婆的两个女徒弟就被武士拖着扔进了河里……

这时，一直站在旁边没有吱声的当地官吏们终于沉不住气了，转身就想逃跑。哪里逃得掉呢？武士们早有准备，一拥上前，三两下就把他们制服了。官吏们哆哆嗦嗦地被押回到西门豹面前，为了活命，只好说出了河

伯娶妻的原委，百姓们这才明白了事情的真相，愤怒、舒畅、懊悔全都涌上了心头。

西门豹收拾了巫婆和贪官污吏后，把他们的财产都分给了穷苦百姓。以前离开邺城的人，听说这个消息后都纷纷回到了家园。西门豹带领百姓测量地势，在邺城一带开了十二条水渠，引漳河水灌溉田地，使不少荒地变成了良田，并增加了邺城地区对水灾、旱灾的抵御能力，邺城逐渐繁荣起来。

像乐羊子、西门豹这样的人才为魏国的发展都作出了各自的贡献。这些成果的取得是与李悝推行任贤使能的政策分不开的。任贤使能的政策不仅能提高各类人才的积极性，同时也分化了封侯势力的力量，有效地加强了正在发展中的魏国专制主义中央集权。魏国的封侯一般只能收取一定数量的租税作为自己的俸禄，不再能役使封邑内的人民，也无力与中央政权抗衡，这就彻底摆脱了春秋时期“家臣持国政”现象的再度发生。李悝变法后，魏国的经济、政治、军事各个方面都获得了巨大的发展，国力迅猛提升，“南胜荆于连堤，东胜齐于长城”，成为了战国初期最为强盛的国家。

四、一代奇才吴起

吴起是战国初期著名的政治家和军事家，一代奇才。他为人有大志，善于用兵，但却是一个薄情寡义的人。他的一生十分传奇，可说是因他的大才，而扬名于后世；因他的薄情，而最终未得善果。

吴起本是卫国人，曾拜孔子的弟子曾子为师。吴起年少时就是一个野心勃勃的人，总想做一番事业，出人头地。最初他在鲁国为官的时候，有一年齐国出兵进攻鲁国，鲁君知道吴起是将才，想要让他统兵出征，可是吴起的妻子是齐国人，这又让鲁君担心吴起会有二心，于是犹豫不决，一时拿不定主意。这件事情让一心追求名利的吴起知道了，他立刻回家，见到妻子，不由分说，一剑就把妻子杀死了，然后带着妻子的头来见鲁君，以表明从此与齐国决裂。鲁君便用吴起为将，果然大破齐军。

吴起击败齐军后，本以为鲁君一定会重用自己，可没想到他凯旋而归后不久，就被鲁君解除了兵权，委婉地让他另谋高就了。原来吴起的为人让鲁国的一些王公大臣所不齿，他们见到吴起胜利回师后，担心吴起被重用，就对鲁君说吴起是一个疑心很重、生性残忍的人，并给鲁君讲述了吴起过去的经历。原来吴起生在卫国的一个富贵人家，他年少的时候就开始到各国去游说，想被权贵重用，结果事业一无所成，却使得家财荡尽。同乡的人看到他败落的样子，就都讥笑他无能，吴起一怒之下，竟然将辱骂过他的三十多个同乡都杀死了，随后他就逃出卫国到达了鲁国。临走前，吴起向母亲刺臂发誓说：“儿子我如果不能成为卿相，就绝对不

再回到卫国。”在鲁国，吴起先投到了曾子的门下，学习儒学。有一天，从卫国送来一封家书，通知吴起他的母亲已经去世了。吴起知道后，守着自己的誓言，始终没有回去为母亲发丧。儒家是最讲孝道的，曾子知道这件事情后，觉得吴起是一个不忠不孝的人，于是和吴起断绝了师徒关系。吴起离开曾子后，开始学习兵法侍奉鲁君。鲁国的王公大臣们对鲁君说：“吴起为了能够掌握建功立业的机会，就杀死了跟随自己多年的妻子。鲁国是个小国，今天战胜了强齐，一定会使其他诸侯担忧，可能就会联合起来攻击我们了。再说，鲁国与卫国是兄弟之国，吴起在卫国犯法，又是卫人，如果我们重用吴起，就得要背弃卫国了。”鲁君采纳了王公大臣们的建议，很含蓄地把吴起驱逐出了鲁国。

吴起离开鲁国后，听说魏文侯正在广招天下贤才，立刻赶到了魏国，向魏文侯毛遂自荐。魏文侯和吴起交谈后，发现他确实有大才，又听说了他统兵击败齐国的事情，便想要重用他。魏文侯向李悝咨询意见。李悝说：“吴起为人品行不端，是一个贪图名利的人，但要说带兵打仗，恐怕天下没有人能比他更强。”听了李悝的话后，魏文侯的心里就有了底，他用吴起为将攻秦，吴起果然厉害，一战就大败秦军，一连攻下秦国五座城池。

作为一员将领，吴起确实有他过人的胆识。他带领士卒，能和他们同衣、同食、同寝、同行，可说是爱兵如子，同甘共苦。因此士兵在战斗中都能为他拼死效力。这里还有一个故事，来说明吴起善于收买士卒军心。有一个士兵身上长了毒疮，吴起将毒疮挤破，用嘴将毒液吸出，这件事情让这名士兵的母亲知道了，这位母亲就哭了起来。有人劝这位老妇人说：“你看看，你儿子多有福气啊，他不过是一个当兵的，人家吴起大将军亲自用嘴将毒液吸出，你还不应该高兴吗?”没想到老妇人听后哭得更伤心了，她对劝她的人说：“你们不知道啊，其实这哪里是什么福气啊！当年吴起将军也为我儿子的父亲吸过毒疮，我那老伴不久就战死了，现在吴起将军又为我儿子吸毒脓了，我现在真不知道应该去哪里为我的儿子收尸，所以才哭啊!”

因吴起的卓越军事才能，魏文侯封吴起为西河守，为魏国镇守西方，

阻挡秦国与韩国的势力。魏文侯去世后，魏武侯即位，令田文为国相。国相这个位子可说是吴起大半生的追求，李悝为相，他没什么说的，可田文为相，吴起的心头可就极为不舒服起来。他找到田文，对他说："你我比一比功劳怎么样？"从这话里就可以看出，吴起是真急了。田文听了吴起的话却淡淡地说："可以"。

然后吴起就开始摆起功劳了。吴起说："统帅三军，让士卒视死如归，敌国不敢谋取我魏国，你与我谁强啊？"

田文回答："我不如你。"

吴起又说："管治百官，让万民归心，为国家创造财富，你我谁强？"

田文回答："我不如你。"

吴起又说："镇守西河，让秦兵不敢东进，韩赵两国依从我国，你我谁强？"

田文还是回答："我不如你。"

吴起最后干脆问："这些你都不比我强，那你凭什么要做国相，在我的上头呢？"

田文平静地说："新君登基，人心浮动，百官还没有完全归附，百姓还对新主存在疑问，这个时候，是你做国相好呢？还是我做国相好呢？"

吴起说了半天，被田文只问了一句，半天都没说出话来。是啊，他所缺少的就是百官的支持拥护，但在政治斗争中，这一条就足够了。最后吴起只好说："还是你做国相比我合适。"田文死后魏武侯用公叔痤出任国相。公叔痤原是韩国的公卿贵族，他成为国相后，第一件事情就是设计谋害吴起。公叔痤对魏武侯说："吴起是天下少有的贤臣，而魏国虽然军事势力强大，可毕竟还是一个疆域狭小的国家，我担心吴起看到我出任国相后，就没有留在这里的意图了。像这样的人，如果不能为我所用，就应该早点除去的好。臣有一个方法可试探出吴起的心思。大王可以将公主许配给吴起，如果吴起无心侍奉大王，他就一定会推辞不肯接受。这样我们就知道吴起的心意了。"

魏武侯听后，采纳了公叔痤的建议。公叔痤则有意激怒公主，让魏公主当着吴起的面辱骂自己。吴起看到后，怎么还能去娶公主呢。于是魏武

侯试探他的时候，吴起不知道这里的玄机，立刻谢绝了。魏武侯便开始怀疑吴起有二心。吴起得知后，担心会获罪被杀，就悄悄地离开魏国，逃到了楚国。

吴起到达楚国后，终于实现了自己的人生理想。当时吴起的才能已经是天下尽人皆知，楚悼王见吴起来投奔自己，立刻任命他为苑守，负责在北方抵御韩、魏等国的入侵。一年以后，楚悼王任命吴起为令尹（也就是国相），进行大刀阔斧的改革。吴起感激楚悼王的厚恩，全心效力，在楚国书写了他人生最后、也是最为辉煌的一笔。

战国初期，楚国经吴楚大战后，江河日下，国力衰微，在对中原大国的战争中屡遭败绩。公元前391年，吴起在楚悼王的支持下，开始在楚国实行变法。楚国是一个幅员辽阔、族属众多的国家。各族之间的经济文化有很大差异，对楚国的发展无疑是一大阻碍。因此吴起在楚国变法，率先提出了改良社会风俗的主张，用楚国的法律统一了楚国各地不同的风俗和习惯。革新楚风的同时，吴起对楚国的政治军事，同时重拳出击，进行了强有力的制度改革。他根据楚国“大臣太重，封君太众”，上逼君主，下虐百姓，导致国贫兵弱的情况，制定了一系列措施。首先，吴起精简政府机构，重用贤能，在物质上给予士兵以优惠的待遇，奖励有功人员，增强了楚国的军事力量。随即，吴起取消了楚国贵族、官僚的特权，封君子孙若无功劳，三代以后就收回爵位及俸禄，并大规模削减百官

战国·鹿鼓

的官俸及政治、经济上的特权。另外，吴起根据楚国地广人稀的特点，下令将贵族及其所属人员迁到人迹罕至的荒凉地带，这种做法一方面打击了贵族势力，另一方面还对开发楚国的边远地区产生了积极作用。在吏治方面，吴起按法秉公办事，禁止官员之间的私下请托，维护君权，“使私不害公，谗不蔽忠，言不取苟合，行不取苟容，行义不顾毁誉”。

经过吴起的变法，楚国很快就强盛起来，击南越，西进伐秦，先后吞并了陈、蔡、杞、莒等小国，使楚国的疆域向北方迅速扩展，成为战国七雄中国土面积最大的国家。公元前381年，楚国救赵攻魏，一直攻到黄河沿岸，令天下各国无不惊畏。但也就在这一年，楚悼王死去，吴起的生命也走到了尽头。

吴起的变法使楚国贵族几乎丧失了所有的利益。楚悼王刚死，还没有下葬，这些对吴起恨之入骨的贵族们就开始联合起来对付吴起。他们发动叛乱，追杀吴起。吴起无奈，知道自己逃不掉了，就跑到灵堂，死死地抱住了楚悼王的尸体。那些贵族们都杀红了眼，一排排弓箭射出，把吴起和楚悼王的尸体一起射得面目全非。他们却不知道，这是吴起临死前为自己报仇想出的最后计策。发动叛乱已经是死罪，再加上伤害先王尸骨，这种事情即位后的楚肃王怎么能允许。所以楚肃王登基后立刻就对射杀吴起，伤及楚悼王尸体的人进行了严办。这一案件中灭族抄家的旧贵族有七十多家。楚悼王如此重用吴起，吴起为能死后为自己报仇，竟然想到这样的毒计，在佩服他才智的同时，他的冷漠也实在是让人忌惮。看来吴起真正最爱的人只有他自己啊!

吴起死后，楚国旧贵族重新掌权，几乎废除了吴起制定的所有措施，楚国变法以失败告终。吴起变法的失败给楚国后来的发展带来了巨大的消极影响，令楚国在战国时期，虽一直保持着南方大国的地位，但在政治格局中却始终不占主导地位。直到战国末期，屈原再度改革失败后，楚国被秦人逐步蚕食，直至灭亡。原本是一个最有希望赢得天下的国家，在战国时期却没有任何作为，不能不说是一件遗憾的事情。

五、政治家商鞅

在战国时期的变法运动中，秦国的商鞅变法是最成功、也是最彻底的一次变法。这次变法使秦国一跃而成为战国七雄中实力最强的国家，为后来的灭六国，统一天下，打下了牢固的基础。但因为这部分内容主要属于秦国的历史，这里就只简单地叙述一下商鞅的人生经历，不再多做笔墨。

商鞅是卫国宗室姬妾所生，所以他的祖先与周王室同宗，属于姬姓，自商鞅的祖辈被卫宗室赐姓公孙后，商鞅出生时也就姓公孙了，又因为他出身卫国，所以有时候人们也称他为卫鞅。商鞅在秦国变法后，使秦国的经济迅速腾飞，秦孝公将商地封给了他，从此在史书上就有了商君或商鞅的称谓。

商鞅最初曾在魏国国相公叔痤门下充任中庶子一职。公叔痤知道商鞅有大才，曾劝魏惠王重用商鞅，如果不用，就尽早杀死他，免除后患。魏惠王没有采纳公叔痤的推荐，于是公叔痤回到府宅，将事情告诉了商鞅，要他赶快逃走。商鞅回答说：“王不听你的话重用我，又怎么会听你的话来杀我呢?”仍旧在公叔痤手下做事。果然如商鞅所料，魏惠王没有采取任何行动。公元前361年，秦孝公即位，开始广招天下人才。公元前359年，公叔痤病逝，商鞅就来到了秦国。

商鞅到秦国后，很快就得到了秦孝公的重用。在秦孝公的支持下，商鞅对秦国政治和军事进行了有力度、有步骤的革新。商鞅在秦国一共实

商鞅像

行了两次变法。公元前356年，秦孝公任命商鞅为左庶长，开始了他在秦国的第一次变法。其主要内容有：制定连坐法，“令民为什伍，而相牧司连坐”；强制推行个体小家庭制度，禁止宗族势力的生长，规定“民有二男以上不分异者，倍其赋”；奖励军功，严禁私斗，“有军功者，各以功受上爵；为私斗者，各以轻重被刑大小”；重农抑商，奖励耕织，“僇力本业，耕织致粟帛多者复其身；事末利及怠而贫者，举以为收孥”。

商鞅的第一次变法打破了秦国原有旧制度的统治秩序，使得秦国的国力迅速提升。公元前354年，秦国攻取魏国的少梁；公元前352年，秦国进一步攻取了魏国旧都安邑；公元前351年，秦军又攻取了魏国固阳。这些军事上的战绩，都是在商鞅第一次变法后取得的成果。公元前350年，秦孝公为进一步谋取中原，迁都咸阳，随后任用商鞅陆续颁布法令，开始了商鞅在秦国的第二次变法。这一次变法的力度和所涉及的内容比第一次更为广泛。

在农业土地上，商鞅废除了秦国的井田制度，承认了土地的私有，允许百姓自由买卖。为加强中央对地方的管制，商鞅在秦国推行县制，“集小都乡邑聚为县”，在秦国共设置三十一县。每县设县令、县丞、县尉各一人，将地方的行政权与军事权分离。县令为一县最高行政长官，县丞为县令的助手，县尉则掌管地方军事。县令、丞、尉都要由国君任命，官职不是终身的，不能世袭，可随时任免及调任。这就加强了秦国对地方的有

效控制，防止了地方割据势力的出现。在经济生产方面，商鞅统一了秦地的度量衡，“平斗桶、权衡、丈尺”。这一政策的实施，对后世影响深远，不仅方便了国家征收赋税、颁发俸禄，更统一了全国的经济秩序，巩固了中央集权制度。军事上，商鞅则实行“初为赋”，即按人口征收军赋的制度。这种做法一来促使人民多垦土地，增产粮食，也使得那些社会闲散人员无法逃避赋税，贵族豢养的“食客”人数也得到了一定的限制。最后，商鞅还对秦地的社会风俗进行了改良，禁止百姓父子兄弟同室居住，抑制了大家族势力的发展，加强了秦国的集权统治。

第二次变法后，秦国在公元前 340 年，大败魏军，生擒魏将公子昂，迫使魏国交还了魏文侯时期吴起率军侵占的秦国在河西部分的土地。商鞅变法，使秦国很快就赶上并超过了中原地区各国。但商鞅的命运也和吴起一样，公元前 338 年，秦孝公死后，秦惠王继位。公子虔等人遂诬告商鞅想要反叛，秦惠王趁机剪除了商鞅及其家族的势力。与楚国吴起变法不同的是，吴起变法时间太短，还未能产生应有的效力。而商鞅在秦国变法时间长，成效大，已经深入人心，秦惠王虽杀商鞅，却并没有破坏新法。商鞅虽死，新法仍在，秦由此一步步强大，最终吞并了六国。

第十章
战国风云(下)

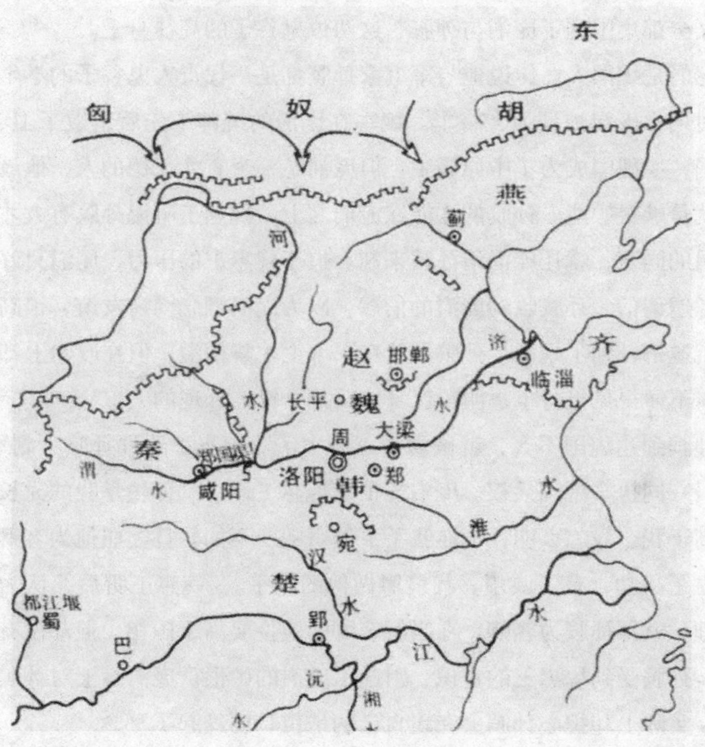

一、魏国的兴衰

魏国从魏文侯时期走上了富国强兵的道路，到魏惠王时期到达鼎盛。也同样是在魏惠王统治时，魏国开始走向衰落。而魏国这一时期的兴衰，似乎又全都集中到了庞涓与孙膑，这两位鬼谷子的高徒身上。

庞涓是魏国人，传说他与军事家孙膑都是一代奇人鬼谷子的学生。魏惠王时期，庞涓被拜为大将军。魏军在庞涓的统帅下先后击败了卫、宋、齐等国，使魏国成为了中原霸主。但庞涓是一个有才无德的人，他最大的缺点就是嫉贤妒能。孙膑的才能在庞涓之上，魏惠王听说孙膑有大才，又是庞涓的同窗，就让庞涓请孙膑来魏。迫于魏惠王的压力，庞涓只好给孙膑写了邀请信。孙膑收到庞涓的信后，以为庞涓顾念同窗友谊，很高兴地接受了邀请，到了魏国。孙膑虽然在军事上才华横溢，但在政治上却缺少头脑，不懂得见机行事、明哲保身，反是个锋芒外现的人。

孙膑到达魏国不久，就被魏惠王看中了。魏惠王要拜孙膑为副军师，跟庞涓一同执掌魏国兵权。庞涓连忙劝魏惠王说："孙膑是我的兄长，才能又高于我。我怎么能让他在我手下做事呢？不如暂且委屈他为客卿，等兄长立了战功，有了威望，我情愿做他的副手。"魏惠王听后，认为说得有道理，就拜孙膑为客卿。在当时客卿的地位要高于国相，但却没有实际权力。孙膑受到魏惠王的赏识，引起了庞涓的妒恨。庞涓嘴上对孙膑百般呵护，实际上却担心孙膑会夺走自己的地位，已经起了歹念。

孙膑刚到魏国的时候，魏惠王曾向庞涓询问孙膑的才能，庞涓回答

说："孙膑是孙武子的后代，只有他知道十三篇兵法的秘诀。可他的本家在齐国，就怕他有二心。"

魏惠王听后不以为然地说："我国的吴起、公叔痤，哪一个是本国人呢？重要的是要让他们发挥出自己的才干啊！"庞涓听了这话，就更为自己的地位担心，更加嫉恨孙膑了。

大概半年后的一天，孙膑收到了一封由他的叔伯哥哥孙平和孙卓写来的信。原来当年齐国内乱，孙氏家族被迫逃亡国外，各奔东西，互相间都走散了。这封来信的大意是：齐国新君即位，正把旧日的臣下召回，他们准备回去，也叫孙膑一同回国，好重振家业。孙膑读后，思念家国，流下了眼泪，就回信通知两个叔伯哥哥，自己已经在魏国做了客卿，不能回去。信写好后交给来人带回，没想到在半路上被魏国军士截获，呈献给了魏惠王。

魏惠王看过信后，立即找来庞涓商议。庞涓见机会来了，马上对魏惠王说："谁能忘记自己的父母之邦呢？可要是他回到齐国，帮助齐国振兴，对我们就太不利了。我先去劝劝他，万一他不干的话，大王就交给我去处理吧！"可庞涓见到孙膑后，却说自己已经从士兵截获的信件中知道了他的事情，愿意帮助孙膑回国看看家人。孙膑听后很受感动，第二天就上书请假回国，祭奠先祖。魏惠王以为孙膑已有心背叛魏国，就把截获的信件扔到了孙膑面前，骂他私通齐国。叫人将孙膑拿下，交给庞涓，在脸上刺字后，剜去了膝盖。孙膑从此成了瘸子，被庞涓关押了起来。

孙膑像

数年后，齐威王派使臣到魏国访问，知道了孙膑的事情，就偷偷地将孙膑带回了齐国。孙膑回到齐国后得到了齐国重臣田忌的赏识，他的才能因而得以重新施展。在这里顺便说一下这位齐威王。齐威王最初继承君位的时候，由于“田和代齐”不久，国内的局势十分复杂，所以他的作为有点像楚庄王。

楚庄王是“三年不飞，一飞冲天；三年不鸣，一鸣惊人”。齐威王则是一连九年都毫无作为，将国家政事全都委托给卿大夫处理。在这九年当中，齐威王元年，韩、魏、赵三家趁齐国发丧，攻齐国灵丘；齐威王六年，鲁军在吴起的率领下与齐军大战，攻入阳关；同年晋军伐齐，攻至博陵；齐威王七年，卫军伐齐，占领齐国薛陵；齐威王九年，赵国攻齐，又占领了齐国的甄。在这种局势动荡的情况下，齐威王也真沉得住气，一直是终日沉迷酒色，“不飞”也“不鸣”。

到了齐威王九年，齐威王，这只看似昏聩的老虎终于发威了。他把即墨大夫和阿大夫找来，先对即墨大夫说：“自从你到了即墨，天天都有人告你，我就派人上即墨去调查。他们到了那边，看到荒地得到开垦，庄稼绿油油的，百姓都能安居乐业，官府内没有积压的事情需要处理，东方边地一派祥和，这都是你的功劳啊!”说完齐威王重赏了即墨大夫。

然后，齐威王又对阿大夫说：“自从你到了阿城，我身边天天都有人夸奖你，我也派人到阿城去调查了。可去的人回来说，在阿地的庄稼地里长满了野草，百姓们生活贫苦。过去赵国攻甄的时候，你不能救。卫国夺取薛陵的时候，你又不知道。你只知道用钱财去收买我的左右，今天留你还做什么?”说完就下令将阿大夫和那些平日里接受阿大夫贿赂的人，都扔到被烧得沸腾的大锅里给煮了。随后齐威王发兵，攻击赵、卫，在浊泽击败了前来救援的魏国军队，并围住了魏惠王，迫使魏惠王献出了观地求和，赵人也归还了侵占齐国的土地。齐国由此声威大震，天下各国二十多年都不敢再进攻齐国。

公元前354年，赵国攻卫。魏惠王知道后，令庞涓率领魏、宋、卫三国联军围攻赵都邯郸。赵国迫于无奈，向齐国求救。齐威王接到赵国的求救后有些犹豫。他问左右大臣，是否应该救赵。因为赵国进攻过齐国，就

是不去救援也在情理之中。开始齐相成侯驺忌并不同意出兵救赵。而这一时期，驺忌与田忌正好有矛盾。齐大夫公孙阅就给驺忌出主意说："成侯为什么不提出伐魏呢？那样田忌一定为将。战胜的话有功，这也是成侯你的深谋远虑；战败的话，田忌不是在阵前战死，就是败北逃回，那时候他的命就在成侯你的掌握之中了。"驺忌听后改变了先前的主张，同意齐国出兵。

公元前353年，齐威王派田忌为将，孙膑为军师，出兵救赵。田忌采用孙膑"围魏救赵"的计策，在桂陵击败魏军。这时秦国正用商鞅变法，国力开始强盛，见有机可乘，秦国就出兵攻魏，攻取了魏国旧都安邑。公元前342年，魏国进攻韩国，齐国又一次出面干预，仍派田忌为将，孙膑为军师，出兵攻魏。孙膑率齐军直攻魏都大梁，引诱魏军远道回救。

齐军进入魏地后，孙膑巧施"减灶诱敌"计，逐日减少营地的军灶数目，三天内就将灶数从十万减到了两万。庞涓这时已经经过精心准备，誓要报桂陵战败的耻辱。他过于自信，认为齐军胆怯，已有大量士兵逃亡。为尽快消灭孙膑，庞涓率领魏军精锐部队日夜兼程，轻装追击孙膑。魏军行到马陵时已是深夜，庞涓就下令军队安营。这时哨兵回报说："发现一棵大树上刻有字迹。"庞涓听后，立刻走到树下，点亮火把，亲自察看。只见大树上面写着："庞涓死在此树下。"庞涓一看，立刻知道自己中计，可是为时已晚。四处早已埋伏好的齐军就以庞涓点燃的火把为号，一时间乱箭齐发，喊杀声震天，魏军遭到突然的袭击，几乎全军覆没。庞涓也在那棵大树下自刎。临死前庞涓气愤地说："这次倒是成全了这小子！"

孙膑因马陵一战成名，回到齐国后隐居不出。而魏国则因马陵一战元气大伤，在随后的几年里，又接连被秦、赵、齐三国夹击，国力被不断消耗。魏国从此衰落，在战国后来的一百多年里，再也没能复兴起来。

二、纵横变幻的战国风云

随着战国时期战争的不断升级，一场躲在金戈铁马背后，纵横捭阖，关系到各国生死存亡的间谍战、外交战，也悄然登场，历史上将其称为合纵与连横。在战国风云变幻的大舞台上，各国之间或合或纵，没有任何原则可寻，没有任何仁义可讲，一切都看利益得失。也就是说，各国的强弱消长决定着战国七雄之间，是采用合纵，还是连横的方式；在存亡得失面前，既没有绝对的朋友，也没有绝对的敌人，有的只是绝对的利益。

于一合一横，变化不定的政治局势下，有两位留名青史的纵横家应运而生。他们凭借着过人的胆识与见识，利用三寸不烂之舌游说诸侯，呼风唤雨，成为了影响一时的风云人物，这两人就是——苏秦与张仪。苏秦是东周洛阳人，而张仪是魏国人，传说他们同庞涓和孙膑一样，都是师从鬼谷子。根据《史记》记载，两人虽是同门，但苏秦的成功要早于张仪。在历史上留下了一些关于两人早年游说诸侯时的事迹，其中就有苏秦头悬梁、锥刺骨的故事。

苏秦因积极合纵诸侯共同抵御强秦而名显后世。在苏秦刚刚离开鬼谷子下山时，可说是踌躇满志。他觉得自己立刻就可以飞黄腾达，但现实却先让他尝到了失败的滋味。苏秦先是游说周显王。周显王听说他是个浮说于世的人，所以没有用他。苏秦便又到秦国，游说秦惠王进行连横。他对秦惠王说："秦东有黄河和函谷，南有南山、武关，西有大陇山和陇山关，北有黄河，可说是受到了天然的保护。在疆域上，秦地西有汉中，

南有巴蜀，北有代马，士民众多，如果能采用适当的军事策略，就可以吞并天下，成就帝业。”可秦惠王听了苏秦的长篇大论后并没什么反应。原来当时秦惠王刚刚杀死商鞅，对外来客卿没有什么好感，虽然苏秦的连横演说讲得很精彩，可仍旧不能让他产生任何兴趣。秦惠王对苏秦说：“你说得很好，但我的羽翼还没有丰满，没有力量做那么了不起的事。”

苏秦被秦惠王拒绝，只好又回到家里。他越想越不是滋味，最后立志研究合纵学说，打算用利害关系去打动六国，联合各国的力量共同对抗强秦。为了能完善自己的学说，他整天闭门念书。读书时一打瞌睡，他就拿起锥子在大腿上狠狠地刺上一下；实在还是想睡，他便又拿了一根绳子，一头吊在房梁上，一头绑在自己的头发上，脑袋一耷拉，绳子就会把他揪醒。苏秦采用这种自伤的方式，认真揣摩鬼谷子留给他的著作，终于参悟出了一套足以说服六国君主的理论。后来苏秦离开成周，到了燕国，开始了他合纵六国的人生道路。

苏秦在燕国，见到了燕文公。他对燕文公说：“燕国在列强当中是个小国，虽说拥有两千里山河，几十万甲士，骑兵六千，战车六百，位居天府之地，可要是和强国比，力量就显得明显不够了。这几十年里，各国战争频繁，而只有燕国太平无事，大王你知道是为什么吗？是因为有赵国在西方阻挡住了强秦的进攻。秦赵两国交锋五次，秦国两胜，而赵国三胜。秦赵相互攻击，所以燕国才能太平无事。秦国离燕国远，绝不能越过赵国来打燕国。反是赵国要来攻击燕国，早上发兵，下午就能攻入燕国境内。大王不跟近邻的赵国相交，反倒亲近秦国，这对自己是很危险的。不如先同赵国订立盟约，然后再联络中原各国一同抵抗强秦。这才是保全燕国的长久之计啊！”燕文公听后，赞成苏秦的说法，给苏秦提供了路费、车马以及外交用的财物，让他去赵国游说了。

苏秦到了赵国，对赵肃侯说：“中原列国的土地比秦国大五倍，列国的军队比秦国多十倍。要是赵、韩、魏、燕、齐、楚六国联合起来一同抵抗西方的秦国，还怕不能抵御秦国吗？”赵肃侯被说服了，把赵国的相印交给苏秦，拜他为相国，并送给他车一百辆、黄金一千斤、玉璧一百双、绸缎一千匹，让他约会各国。

而就在苏秦打算联合诸侯促成联盟的时候，另一件事情发生了。公元前332年，秦军大举攻魏，历时两年，占魏国上郡雕阴、河西之地，以及曲沃和焦，斩魏军八万，俘获魏将龙贾。在这种情况下，苏秦为防止秦人的进攻会威胁到赵国的安全，便设计激张仪入秦，开启了秦国连横的局面。

张仪是魏国人，他离开鬼谷子后自然要首先向魏惠王游说，但魏惠王没有用他。张仪只好带着妻子到了楚国去求见楚威王。楚威王没见他，张仪只好投在楚令尹昭阳的门下做了门客。一天，楚王将和氏璧赏给了令尹昭阳。昭阳十分高兴，回家后设宴款待宾客，将和氏璧拿出给客人观看。可在传递的过程中和氏璧突然传丢了。昭阳进行盘问可毫无结果。这时门客们都说张仪穷困潦倒，这和氏璧十有八九就是他偷的。昭阳听后叫人鞭打张仪。张仪没有拿，自然是宁死也不承认。昭阳也看出不是张仪拿的，就把张仪放了。张仪回到家里，妻子心疼地说："看你以后还想不想当官了？"可张仪却趴在席子上，龇牙咧嘴地说："你看看我的舌头还在不在，只要舌头还在，我就什么也不在乎了。"

张仪被鞭打后，和妻子又回到了魏国。这时候他听说苏秦已经在赵国当了国相，就跑到赵国来投奔苏秦。这时苏秦正为秦国可能会攻击赵国而担心，听说张仪来了，立刻就有了主意。苏秦将张仪扣留在客栈里，既不见他，也不让他离去，十几天后才把他招到家里，用给下人吃的饭菜来招待他。然后苏秦对张仪说："我没有想到，以你的才能会穷困到这种程度，我倒是很想推荐你，可是我担心你做事三心二意，最后自己成不了什么事不说，反倒会连累了我。"张仪一听，明白苏秦不想帮他，于是起身，愤然离开。张仪本以为和苏秦是同窗，找他办事会容易些，没想到反被奚落了一番。他想到天下只有秦国能攻击赵国，于是决定去秦国游说秦王，发誓要报复苏秦对自己的侮辱。

张仪走后，苏秦却把亲信仆人叫来，对他说："张仪是天下奇才，我不收留他，是担心他贪图小利而耽误了自己的前程。我知道他此去一定会到秦国，也只有他能说服秦王不来攻击我们赵国，所以你带上财物一定要满足他的需求，全力帮助他。"

仆人领命后化装成商人与张仪结交，在张仪去往秦国的路上，照顾张

秦赵长平之战

仪的饮食起居。到了秦国后，仆人又为张仪添置了新的衣物，让他能体面地见到秦王。秦惠王见到张仪后果然将他拜为客卿，与他一同商议讨伐诸侯的事情。这时候仆人却向张仪提出了辞行。

张仪见仆人要走就执意挽留，他对仆人说："没有你的帮助，就没有我的今天，你怎么说走就走呢？我还没有报答你啊！"

仆人听后激动地说："不是我了解你的才能，了解你的人是我的主人苏秦。他对我说，除你以外没有人能够再得到秦国的权柄了，所以表面上激怒你，暗地里却叫我来帮助你，现在我的任务完成了，还留在这里做什么呢？"

张仪这时候才知道事情的真相，他感激地说："你回去对苏秦说，只要我张仪在秦国一天，就绝对不会让秦人去攻击赵国。"

就在张仪相秦的同时，苏秦被赵肃侯封为了武安君。在苏秦的鼓动下，赵肃侯约会齐、楚、魏、韩、燕五国在洹水会盟。当时来开大会的楚、齐、魏已经称王，赵、燕、韩仍然称侯，在座次上就出现了纷争。最后在苏秦的倡议下六国一概称王，赵王是发起人，坐主位，其余按国家大小依次排列，倡议得到了各国君王的一致认可。在洹水会盟上，六国达成了共同抗秦的盟约，封苏秦为"纵约长"，挂六国相印。苏秦的权势由此达到了巅峰。

后来六国间分分合合，在苏秦的组织下又经过几次会盟。燕文王死后，燕易王即位。苏秦与燕文王的夫人私通，因惧怕被发现后诛杀，于是

向燕易王辞行，到齐国为相。燕易王死后，燕王哙立。齐国内反对苏秦的势力趁机刺杀苏秦。苏秦遇刺，虽受了重伤，却并没有当场死亡。他逃回府宅，让齐宣王在自己死后将自己以叛国罪五马分尸，这样杀害自己的凶手就会自己跑出来邀功了。苏秦死，齐宣王将苏秦分尸，凶手果然出现。齐宣王抓住凶手，为苏秦报了仇。

苏秦合纵，张仪则是连横。六国洹水会盟后，秦惠王原打算攻击赵国，破坏合纵，但却被张仪制止了。张仪说："六国新订盟约，势头正盛，不易拆散。要是发兵攻赵，韩、魏、楚、齐、燕五国可能就会一同出兵救助。我们越是逼得紧，各国就越怕，越怕就会团结得更加紧密。不如从内部瓦解他们，去联络他们当中立场最摇摆不定的，和这样的国家亲善，六国内就会彼此猜疑，到时合纵自然就被拆散了。目前离我大秦最近的是魏国，最远的是燕国。先将过去占领魏国的城池退还几座给魏国，魏国自然会接受，便会逐渐向我秦国靠拢。随后再将公主许配给燕国太子，使我国与燕国成为亲戚，我国的孤立局面就会被打破，以后就能慢慢瓦解合纵了。"

在张仪的策划下，秦惠王对魏国采取边打边拉的策略。秦人先归还了魏国的土地，让魏国有了亲秦的倾向。魏国的亲秦立即引起了楚国的不满。公元前 329 年，楚国攻魏，秦出兵帮助魏国打败了楚国，使魏国脱离了合纵队伍。公元前 328 年，秦派公子华成与张仪攻占了魏国的蒲阳，随即又将蒲阳归还给了魏国，并派公子繇到魏国作了人质，取得了魏国的信任。在秦国这种软硬兼施的进逼下，魏国也别无选择，只能倒向秦国。

张仪一生也和苏秦一样，先后挂六国相印。在迫使魏国屈服于秦国后，他又将韩国也拉到了秦国一边，并时常在燕、齐、楚等国之间游走。魏、韩与秦国的联合，使楚国北部及西北部边境立即全线告急。为了能够抵御秦国，齐楚两国便走到了一起。这就形成了秦、魏、韩与齐、楚两大军事集团之间的对峙。公元前 313 年，为破坏齐楚联盟，张仪南下到达楚国，开始游说楚怀王。他先用重礼贿赂了楚怀王的宠臣靳尚，得到了楚怀王的信任。然后张仪利用楚国上层集团内部的矛盾斗争，成功地排挤了主张联齐抗秦的屈原。张仪还骗楚怀王说："如果楚国靠向秦国，他可以

保证秦国可割让商于六百里土地给楚国。”

楚怀王听了张仪的话信以为真。等张仪回国后，他一面派人与齐国断绝交往，一面派逄侯丑为使者，去咸阳向秦国索要土地。可逄侯丑到了秦国后却始终见不到张仪。仆人们告诉逄侯丑，张仪摔坏了腿，需要治疗。结果张仪让逄侯丑在秦国足足闲呆了三个月。逄侯丑觉得事有蹊跷，就写信向秦惠王求证。秦惠王知道是张仪的计策，就答复说“只要是相国答应的事情，寡人一定照办。不过楚国好像还没有跟齐国完全断绝来往吧？这么大的事情我怎么能听你的一面之词呢？等相国病好后，得到证实再说吧。”

逄侯丑只好把秦惠王的话转述给了楚怀王。楚怀王知道后竟然派人到齐国把齐宣王奚落了一番。齐宣王大怒，约定秦国共同攻楚。这时张仪才出来见逄侯丑。

张仪见到逄侯丑后故作吃惊地问：“将军怎么还在咸阳啊？难道那块土地还没交割清吗?”

逄侯丑说：“秦王说要等相国病好了，经过证实以后再说。”

张仪听了，瞪圆了眼睛说：“就我那六里土地，还需要什么证实啊?”到这时候逄侯丑才明白楚怀王是被张仪戏弄了。

公元前 312 年，楚怀王派将军屈匄、景翠等率大军进攻秦、韩，在丹阳遭到惨败，被秦军斩首八万，统帅屈匄、裨将军逄侯丑等七十多人被俘，并丧失了汉中地区。楚怀王仍不甘心失败，继续派大军攻秦，在蓝田再次被秦军击败。魏、韩两国也趁火打劫，占领了楚国上蔡，直攻到邓地。楚怀王迫不得已，只好撤军。楚国失去了齐国的救助后，秦军又在公元前 311 年，攻取了楚国的召陵，彻底征服了汉中地区，将关中和巴、蜀连成一片，从此排除了楚国对秦国腹地的威胁。使秦国在与中原各国的力量对比上，取得了更大的优势。

纵观战国时期，合纵与连横的局势始终变化多端。公元前 325 年，魏国想要摆脱秦国，于是与齐国联合伐赵，形成魏齐联盟。公元前 323 年，魏将公孙衍又发起了“五国相王”活动，魏、韩、赵、燕、中山五国互相承认对方为王，形成了五国合纵的态势。公元前 324 年，张仪为破坏五国

合纵，率兵出函谷关攻魏，两年后秦军又攻占了魏国的曲沃、平周。魏惠王迫于秦国的压力，将推行合纵的相国惠施驱逐，任命张仪为魏相，“五国合纵”结束。

张仪死后，天下逐渐出现了秦、齐、赵三强鼎立的军事格局。秦惠王去世后，秦昭襄王即位。秦昭襄王的母亲是楚国人，所以秦昭襄王也娶了楚国的女子为后，秦楚之间的关系在一定程度上得到了改善。公元前304年，秦昭襄王与楚怀王在黄棘会盟，秦还将上庸划给了楚国。合纵与连横的变化到公元前242年以后则逐渐失去了效用，那时秦国用范雎的“远交近攻”，步步蚕食的方略，已经基本控制住了天下形势，六国不过是在秦国的雄兵下苟延残喘而已。

三、战国之四公子

在战国时期错综复杂的政治环境中，有四位王室贵族因门客众多，构成了自己的门阀势力，从而影响到了当时各国的关系，所以后人称他们为战国四公子。这四人是：魏国信陵君魏无忌、楚国春申君黄歇、齐国孟尝君田文、赵国平原君赵胜。他们所处的政治环境有所不同，个人的能力也有差别，但因为人们习惯上将同一时代的这四人归结到一起，这一节也就对这四人作一个简单的介绍。

(一)信陵君

在战国四公子中，魏国的信陵君魏无忌的名声可说是最大的了。他是魏昭王的幼子，魏安釐王同父异母的弟弟，战国时代著名的政治家、军事家。魏无忌的出生时间不详，不过死亡年代倒是有史可查，公元前 243 年，魏无忌因晚年生活淫乱，饮酒过度，导致猝死。公元前 276 年，魏昭王去世，魏无忌的哥哥魏圉继位，是为魏安釐王。魏安釐王即位后，为牵制齐国的孟尝君田文，把魏无忌封到了信陵，因而称他为信陵君。

战国四公子的一个共同特点就是广招门客，魏无忌自然也不例外。魏无忌壮年时为人仁厚，能礼贤下士。当时魏国有个老人叫侯嬴，已经七十岁了，家中一贫如洗，只是守卫大梁夷门的一个小吏。魏无忌听说这个人很有见识，就带着厚礼前去拜访，可侯嬴却不肯接受。第二天，魏无忌又

设宴大会宾客，等魏国的将军、丞相、宗室们都到齐后，他亲自驾车去接侯嬴。侯嬴坐上车后不去赴宴，反而要魏无忌载他去拜访在街市里做屠夫的朋友朱亥。魏无忌当即驾车到了街市，侯嬴从车上下来去会见朱亥，魏无忌则手执马缰在一边等待。魏无忌的随从都暗骂侯嬴不注重身份，只有魏无忌仍面色和悦地站在一边等侯嬴聊完。上车后，才载着侯嬴回去赴宴。因为魏无忌明白，侯嬴正在为他收买人心。这件事以后，魏无忌贤名远扬，士人都争相依附于他，一时间门客多达三千。

魏无忌声望和能力都在魏安釐王之上。有一天，魏安釐王与魏无忌在一起下棋，突然有士卒报告说赵国发兵进犯。魏安釐王马上放下棋子，准备召集大臣商议对策。魏无忌却淡淡地说："没事，这只是赵王在打猎罢了。"然后要魏安釐王接着下棋。

魏安釐王半信半疑地坐了下来。不久，士卒果然再次回报，证实了魏无忌的话。魏安釐王十分吃惊，问魏无忌是怎么知道赵王动向的。魏无忌轻描淡写地说："在我的门客当中有能深入探听赵王秘密的能人，可以随时向我报告赵王的一举一动。"魏安釐王听后，从此开始疏远魏无忌，不敢将重权交给他了。

魏无忌是战国四公子中名声最响的一位，郭沫若先生曾把他的故事改编成历史剧《虎符》。事情发生在公元前257年，秦赵长平一战后，秦军包围了赵国的都城邯郸，赵国随时都有灭亡的危险。赵亡，魏国、韩国也必然先后灭亡，而且赵国丞相平原君赵胜的妻子是魏无忌的姐姐。平原君多次派人向魏安釐王求救，魏安釐王原本派了将军晋鄙领十万大军救赵，但秦昭襄王得到消息后，威胁魏安釐王不要引火烧身。魏安釐王惧怕强秦，令晋鄙停止进军，驻留邺城防守，名为救赵，实为观望，态度十分暧昧。

魏无忌知道后，估计魏王是不肯出兵救赵了。赵亡，魏国离灭亡也就不远了。他不想看着赵国灭亡，坐以待毙，自己凑了一百多辆战车，打算带着门客前去赵国和秦军做最后一搏。车队路过夷门时，魏无忌正遇见侯嬴。侯嬴阻止了魏无忌毫无意义的行动，让他去找魏安釐王的宠妃如姬帮忙。魏无忌曾为如姬报过杀父之仇，所以魏无忌找到如姬说明情况

后，如姬从魏安釐王的卧室内窃出了象征兵权的虎符，交给了魏无忌。等魏无忌拿到虎符出征后，如姬就自杀了。魏无忌到了邺城，杀死晋鄙，夺取了兵权，率精兵八万开赴前线。与此同时，楚国也派出春申君黄歇救赵。赵、楚、魏三国合兵，一举击溃秦军，解除了邯郸之围。

魏无忌救赵后，因窃虎符、杀晋鄙之事不敢回魏国，只好和他的门客一起客留在赵国，一住就是十年。十年后，也就是公元前247年，恢复元气的秦国大举进攻魏国，魏安釐王急忙派使者去请魏无忌回国，仍享有信陵，这可说是世事对魏无忌的戏弄吧。十年前魏无忌因战争而离开魏国，十年后他又因为战争回到了魏国。所不同的是，当年他是为了救赵，这时候却是为了挽救自己的祖国。魏无忌回到魏国后，魏安釐王立即任命他为上将军，让他成为了魏国军队的最高统帅。魏无忌掌握兵权后联络韩、赵、楚、齐等五国兵马，在黄河以南大败秦军，秦将蒙骜败逃。联军乘胜攻至函谷关，秦军紧闭关门，不敢再战。这一次攻秦的胜利，是魏无忌一生最辉煌的时候。此后，魏无忌集各家兵法编辑而成了《魏公子兵法》。

但魏安釐王终究是担心魏无忌夺取他的权力，而秦昭襄王为消除信陵君对秦国的威胁，又派人用万斤黄金买通了晋鄙的旧门客，让他们在魏安釐王面前制造魏无忌的谣言。秦昭襄王还派人假意祝贺魏无忌，问他是否已经做了魏王。魏安釐王在这些假象面前如坐针毡，最后还是派人代替魏无忌任上将军，解除了信陵君的军权。魏无忌知道自己被谣言诋毁，再也不能支撑危局抵抗强秦了。从此他托病在家，不再上朝，终日在家与宾客夜夜豪饮，与女人厮混，最后在公元前243年因饮酒过度而死。就在这一年，魏安釐王也去世了。十八年后，魏都大梁被秦军攻破，遭到屠城。

(二)春申君

黄歇，战国时期的楚国人。楚考烈王元年，考烈王以黄歇为相，赐淮北地十二县，封为春申君。他是楚幽王的生父，是战国四公子中唯一与王室没有任何血缘关系的人。他从少年时就博闻多才，游学四方，而且他有

个最大的特点就是能说善辩，这一点在他的一生中发挥了很大作用。

黄歇第一次以他的辩才扭转历史的车轮是在公元前298年，楚顷襄王刚刚即位的时候。这件事情的起因还要往前上推到公元前302年。这一年，楚顷襄王熊横仍以太子的身份在秦国做人质。在一次私斗中，年轻气盛的熊横竟然杀死了秦国的一个大夫，随后就私自逃回了楚国。公元前299年，秦国以楚太子为人质时，杀死秦国重臣，且私自逃回楚国为由伐楚，一连攻下了楚国八座城池。当年受张仪骗的楚怀王，这时候又犯了糊涂，他答应了秦昭襄王的要求，去会面讲和。结果楚怀王一到会面地点就被秦昭襄王扣留，带回了咸阳。公元前296年楚怀王逃跑未成，被秦人抓回，在羞愧与郁闷中死去了。而早在公元前298年，楚国人见楚怀王无法回来，早已另立新君，扶楚顷襄王熊横即位。秦昭襄王听说熊横即位后恼羞成怒，令白起为将，大举出兵，想要灭掉楚国。在这个关键时刻，黄歇为阻止秦国继续攻伐楚国给秦昭襄王写了一封长信。内容大致是：

"当今天下没有比秦、楚更强的国家了。我今天听说大王欲伐楚，这就好像两虎相斗一样。两虎相斗，得利的是猎人和猎犬，秦国和楚国相斗，得利的是韩、魏，不如与楚国和睦相处的好。双方久斗，国力都会大量消耗，大王你如果依仗兵革的强大，想要单凭武力去征服天下，我担心到时候秦国会后患无穷。

"大王还记得当年吴王夫差和智伯瑶的事情吗？越国趁吴国伐齐的机会大举进攻吴国，吴王夫差最后自刎而死；智伯瑶在全力对付赵襄子的时候，却在晋阳城外被韩、魏偷袭，身首异处。这两人都是名声显赫一时的人，他们的失败不是因为他们无能，而是因为他们只看到了前方的敌人，却没有防备身后的敌人啊！

"《诗经》中说：'大军不远涉攻伐。'所以说，你我交战对双方都没有好处。而大王与楚国相交，楚国就会成为大王在远方的朋友，大王真正的敌人则应该是你的邻国啊！现在大王如果相信韩、魏是真心归顺了秦国，就好像吴王相信越国一样。臣听说，敌人不能不明确，机会不能够错过。我担心韩、魏说是要为大王除患，实际上是在欺骗大王啊！为什么我会这样说呢？因为秦国是用武力迫使韩、魏归附的，两国实际上与秦国是

世仇关系。一百多年里，韩、魏两国在与秦国的先后战斗中，被秦将杀死的人到底有多少？韩、魏两国的社稷宗庙又被秦国摧毁了多少次？又有多少韩、魏百姓在战争中被秦人杀戮、俘虏，或是背井离乡，流亡在外，饿死在道上，曝尸荒郊野外呢？韩、魏被秦人打得国破人亡、民不聊生、亲族离散。他们流亡到各国的人就已经是遍及海内。所以说韩、魏不灭亡，就会是秦国社稷的大患啊！

“如今大王你让白起将军带领韩、魏攻楚，不是在让韩、魏两国借助掠夺楚国的土地重新振兴吗？这实在是大错特错！况且大王出兵攻楚，其一是向自己的世仇韩、魏借道。如果向韩、魏借道，大王就不怕韩、魏断秦军归路吗？要是大王不从韩、魏出兵，那就只能去攻击楚国的广川。广川地区尚未开化，多是不毛之地。秦军在那里就是赢了，击败了楚国，又能得到什么实惠呢？”

信的最后，黄歇还对秦昭襄王说明了各国间合纵、连横力量消长的关系，陈述了秦国与楚国联合的好处。黄歇这封信的用意虽是为了救楚，但也一针见血地指出了秦昭襄王盲目伐楚的危害。秦昭襄王读后，深有感触，令白起停止了对楚国的进攻，与楚国订立了盟约。不过秦人为防止楚国复兴，提出了要黄歇与太子到秦国做人质的要求。这样，公元前 273 年秦楚会盟后，黄歇和太子到了秦国。

黄歇和太子两人在秦国被扣留了十年。公元前 263 年，楚顷襄王病重。太子熊完被秦人扣留，无法回国即位。黄歇知道熊完和秦丞相范雎关系很好，于是找到范雎说：“楚顷襄王去世后，如果熊完不能回去，楚国就会另立新君，这样熊完也就成了一个没有利用价值的人，而秦楚之间的关系就可能会破裂。相反，如果丞相能让熊完及时回国即位，太子必然会感激秦国，感激丞相，维护丞相和秦国的利益。”范雎听后，明白了黄歇的意思，和秦昭襄王商量后，决定先让熊完的老师回去探问楚顷襄王的病情，然后再作打算。黄歇担心夜长梦多，就让太子熊完换了车夫的衣服，扮成楚国使臣的车夫出关回国了。黄歇自己则仍留在咸阳，以熊完生病为借口谢绝访客，造成太子仍在秦国的假象，掩护太子顺利过关。几天以后，黄歇料定秦国已没有办法再追上太子时，才向秦昭襄王说出实情。

秦昭襄王听后大怒，令黄歇自尽。范雎劝道："熊完即位后，必定重用黄歇，不如让他回国，维系秦楚之间的关系。"秦昭襄王听后，知道事情已无法挽回，就同意了范雎的意见，将黄歇送回了楚国。

公元前262年，黄歇回到了楚国。三个月后，楚顷襄王去世，楚考烈王熊完即位。楚考烈王即位后立即拜黄歇做了楚国的令尹，将淮北地十二县封给了他。十五年后，因淮北发生战事，黄歇请求楚考烈王把自己的封地改封到了江东。

公元前257年，秦军包围了赵都城邯郸，危急时刻，魏信陵君窃符救赵，楚考烈王也毁弃秦楚两国的盟约，派春申君黄歇领兵救助。赵、楚、魏三国联合，一举击溃秦国，解除了邯郸之围。一年后，黄歇率军北上征鲁，公元前256年，鲁国灭亡。楚国在这里设置了兰陵县，命荀子为兰陵令。在兰陵，已经鬓发斑白的荀子写成了《荀子》三十二篇。而黄歇灭鲁后，楚国得到了经济繁荣的鲁地，开始重新兴盛起来。

春申君黄歇在功成名就后，也开始过起了奢侈浮华、沽名钓誉的生活。在战国四公子中，他的门客数量是最多的。公元前256年，西周国的周赧王死去，秦灭西周国。公元前241年，东方六国为遏制秦国，奉楚考烈王任六国合纵约长，由春申君主事，联合攻秦，直取函谷关。秦国倾全国之兵出关应战，六国联军大败。从此春申君失去了楚考烈王的信赖。

楚考烈王一生无子嗣，他在生理上可能有些问题。黄歇为了能让楚国江山后继有人，向楚考烈王进献了很多美女，可都毫无用处，楚考烈王始终没有一男半女。就在这时候，有一个叫李园的人出现了，他想把自己美貌的妹妹进献给楚考烈王，以谋取权势。后来李园听说楚考烈王一直没有子女，就担心妹妹不会得宠，便将自己的妹妹改献给了春申君。

李园的妹妹就是后来的李后。春申君十分宠爱李后，不久李后就有了身孕。两人在卧榻中，李后对春申君说："夫君与大王的关系比亲兄弟还要好，我知道你担心大王百年以后，楚国会因后继无人而发生动乱。现在我刚有身孕，没有人知道，为什么不让我去侍奉大王？也好让夫君日后门庭光耀呢。"春申君听后十分欣慰，就将李后进献给了楚考烈王。楚考烈王见到李后果然十分喜爱。李后的肚子也十分争气——七八个月后就产

下了一个男婴，他就是后来的楚幽王熊悍。李园的妹妹则被正式封为王后，李园则成了国舅。

公元前238年，楚考烈王病重，国舅李园为杀人灭口，取代黄歇的地位，于是暗中豢养死士。楚考烈王病逝时，李园通过宫中的内线在第一时间得到了消息，立刻将死士埋伏在了进宫的必经之路棘门。这时春申君也知道楚考烈王的死讯，他马上来到王宫奔丧，一进棘门就遭到了李园死士的伏击，当场身首异处，人头被扔在了棘门外。随后，李园派兵“尽灭春申君之家”。立李后子熊悍继位，为楚幽王，自己则做了楚国令尹。春申君从一个中级官员做起，他既没用宾客帮助，又没有王室亲戚提携，却能说服秦王，保存楚国，设计救回太子，辅助新君处理国政，在多事之秋披荆斩棘，救赵，灭鲁，最终复兴了楚国。他相楚二十五年，楚考烈王对他是言必听、计必从，可说是一人之下、万人之上，名为相国，实为楚王。到了晚年，却被小人灭族，真是让人叹息啊！

(三)孟尝君

孟尝君田文，春秋时期齐国人，相貌丑陋，身材矮小。他的父亲田婴是齐威王的幼子，齐宣王同父异母的弟弟。田婴任齐国宰相十一年。宣王去世后，齐湣王立。湣王三年，赐封田婴于薛邑。

孟尝君田文的出生年虽然不清楚，但因为他出生的日子比较特别，倒是在《史记》中记录了下来。据说田婴有四十多个儿子。田婴的小妾在五月五日这天生下了田文。齐国当时的地方风俗中有“五月五日生子，男害父，女害母”的说法。所以田文出生后，田婴告诉田文的母亲说：“你不要养活他。”

但做母亲的有哪一个能舍得扔下自己的骨肉呢？田文的母亲没有扔掉田文，偷偷地把他养大成人。《史记》原文是“其母窃举生之”。真不知道，一个“窃”的背后，田文的母亲要忍受多少艰辛，而田文又要吃多少苦，忍受多少屈辱。也许正是因为田文是在境况艰苦的环境中长大的，造成了他成长时期营养不良，没能像田婴的其他儿子那样，长得高大挺

拔。田文长大后，通过自己兄弟的帮助，才见到了自己的父亲。田家父子相认的场面不是激动、不是愤怒，而是对抗，父子两人间的对抗。

田婴见到儿子后，先瞪起眼睛问田文的母亲："我让你把这孩子扔了，你为什么把他养活了，你这么做是为什么？"迷信的田婴看到田文后显然有些恐惧。

田文见母亲受窘，立刻叩头大拜，在这礼貌的举动背后是一番对父亲的质问："父亲不让养育我是什么缘故？"

田婴回答说："五月五日出生的孩子，会长得和门户一样高，会害父害母。"

田文听后激动地问："人的命运是由上天授予的呢，还是由门户授予的呢？"田婴沉默不语。田文继续说："人的命运如果是由上天授予的，父亲的担心还有意义吗？如果是惧怕我和门户一样高，那么加高门户便可以了！"田婴听后还能说什么呢？

战国四公子都以养士出名。对待士人最真诚的是信陵君，养士最多的是春申君，而完全是靠养士起家立身的，就只有孟尝君了。田婴子嗣众多，田文能够继承田婴不是因为他最有才，或最有德，他更不是长子，或田婴所宠爱的人。田文从小被父亲疏远，生活境遇艰难，以至于他具有双重人格，在众多兄弟中，他是最有心计的。田文的成就起自他与父亲的另一次对话。田氏父子相认后，父子的关系也比较一般。有一天，处心积虑的田文终于找到了与父亲单独相处的机会。

这一天，父子两人又一次见面。田文突然问父亲："儿子的儿子怎么称呼？"

田婴以为田文还要提过去自己遗弃他的事情，就没好气地回答说："称孙子。"

田文继续问："那孙子的孙子呢？"

田婴答道："是玄孙。"

田文又问："那玄孙的孙子又叫什么呢？"

田婴不耐烦了，回答说："我不知道。"

田文这才话入正题，对父亲说："父亲担任齐国宰相，如今已辅佐过

三朝的元老（齐威王、齐宣王和齐湣王），可齐国的领土没见到增广，父亲大人却已积贮了万金家财。在父亲大人的儿子里我更看不见一位贤能之士。我听说，将军门庭出将军，宰相门庭出宰相。父亲大人的姬妾天天都在践踏绫罗绸缎，而父亲大人的门客们却穿着粗布短衣；父亲大人的男女仆奴都有鱼有肉，而父亲大人的门客们却连糠菜都吃不上。现在父亲大人仍在聚集财货，广置田地，儿子我真是不明白，父亲大人你到底是要留给谁呢？是那些连父亲大人都称呼不上来的人吗？我真是很奇怪啊！”田婴听了田文的一番冷嘲热讽后，突然发现这个被遗弃的儿子很有见识，从此改变了对田文的态度，开始让他主持家政。

田文主持家政后处事得体，善待门客，广纳宾客，声望日益增高。后来在齐国各大夫的大力支持下，田婴立了田文为世子。田婴去世后，田文继承了田婴的爵位，以后人们就称他为孟尝君了。

孟尝君的门客中什么样的人都有，有奇人异士，也有鸡鸣狗盗之徒，甚至还包括逃亡的罪犯。为了能够笼络人心，孟尝君不惜家财，对来自四面八方的几千名门客，不分贵贱，一律予以收留厚待。每当有宾客来访，孟尝君与宾客坐着谈话时，就会让侍史站在屏风后将谈话内容记录下来。弄清宾客的出身籍贯后，当宾客走了，孟尝君就会让人到宾客的家里献上礼物，抚慰问候。他的这些做法，令当时许多能人都投奔到了他的门下。孟尝君门客的数量多，能力自然也就有大有小。孟尝君根据门客能力与贡献的不同，将他们分成上、中、下三等。上等门客住在代舍，宽宅大院，食鱼食肉，出入有车；中等门客住在幸舍，小门小院，食鱼食肉，出入无车；下等门客住在传舍，聚群杂居，无鱼无肉，粗饭青菜，自然也不可能有车，但也都温饱有余。孟尝君广纳门客，门客也成就了他的事业。在孟尝君的一生中，曾有三次重大危机，全是依仗门客的帮助，才得以化险为夷，战胜困难。

孟尝君的名声传到秦国后，秦昭襄王很想见到他。正好，当时秦国为了破坏六国的合纵，让泾阳君作为人质到了齐国。泾阳君就去求见孟尝君，邀请他去秦国。这时苏秦的弟弟苏代正好在孟尝君府上，他对孟尝君说：“今天我从外边进来，看到一个木偶人正和一个土偶人说话。木偶人

说：‘天要下雨了，你这下子可要完蛋了。’土偶人听了回答说：‘我生来就是泥土做的，化了不过是归入土里，和回到家中没有什么区别。可雨水很快就会把你冲走，我不知道你又会到哪里去栖息呢？’今天的秦国是像虎狼一样的国家，你要是去了，还能活着回来吗？这种做法，就是那个土偶也要笑话你了。”孟尝君听后，悟出了其中道理，才放弃了去秦国的念头，留在了齐国。

可有些事情就是，你越怕什么，它就越来什么。公元前299年，也就是齐湣王二十五年，齐湣王派孟尝君以齐国国使的身份，送泾阳君到了秦国。秦昭襄王一看孟尝君来了，立即让孟尝君担任了秦国的丞相。这一下，秦国朝野流言四起，大臣们说三道四，都对秦昭襄王讲：“孟尝君确实贤能，但他与齐王同宗，让他做了大秦的丞相，制定国策必定会先为齐国的利益着想，而后才会考虑到我秦国。真是这样的话，我秦国可就危险了。”结果，孟尝君在秦国没做几天丞相，就被秦昭襄王罢免，囚禁了起来。

孟尝君知道自己不想办法逃的话，恐怕就凶多吉少了。他打听到，秦昭襄王最宠爱的妃子是幸姬，于是就派人去求幸姬解救。当时孟尝君有一件白色狐皮裘，这种皮裘是集数十只狐狸腋下的白毛做成的，不仅美观保暖，而且价值千金。幸姬知道了这件事，就以白色狐皮裘作为解救孟尝君的条件。可孟尝君到秦国的时候，已经把白色狐皮裘献给了秦昭襄王，这样昂贵的东西，眼下也找不到第二件啊！

门客们一时间一筹莫展，没了办法。就在这时候，一个平日里不爱说话，身材矮小的门客走了出来，他对众人说：“大家放心，这件事情就让我去办吧。”原来这人本是个小偷，平日里盗窃东西有一个特点，经常穿一件狗皮，把自己伪装成狗的模样。当天夜里，他像狗一样钻入了秦宫的藏宝库，偷出了那件白色狐皮裘。第二天，门客们就把狐皮裘献给了幸姬。幸姬拿到了自己想要的东西，也就在秦昭襄王面前给孟尝君说情。秦昭襄王总要给幸姬点面子，就暂时把孟尝君释放了。

孟尝君一获自由，立刻更换了出境证件，改了姓名，逃出了咸阳。他带着众多门客，疾驰一天，到夜半时分才赶到函谷关。但函谷关只有在卯时鸡鸣后才会打开城门。孟尝君料定，自己走后，秦昭襄王一定会反悔，

派兵捉拿他回去。可一时又出不了关，孟尝君只能干着急，没有办法。就在这时，孟尝君突然听见了一声鸡叫，跟着又是一声……一会儿，城楼上报时的公鸡也跟着叫了起来。原来，在孟尝君的门客中还有一个善于口技的人，他模仿鸡叫声惊醒了城楼上的公鸡。守关的秦国士兵们见公鸡打鸣了，就误以为已到了卯时，便打开了城门，放孟尝君等人过去了。两个多时辰以后，孟尝君等人已经走远，秦昭襄王的追捕令才送到函谷关。就这样，孟尝君靠鸡鸣狗盗之徒，逃过了一劫。

孟尝君逃出秦国后，路经赵国回国。在赵国，孟尝君受到了平原君的热情款待。停留几天后，孟尝君继续赶路，车队走到赵国境内的一个县时，发生了一件意外事件，让后人充分了解到了这位齐国公子的人格特点。赵国的百姓听说孟尝君礼贤下士，又能逃出强秦的魔爪后，出于好奇与敬仰，就在路上把孟尝君的车队围了起来，争先恐后地想要看一看这位盖世英雄的风采。可惜，孟尝君相貌太丑，实在让崇拜他的百姓有种见面不如闻名的感觉。一些庸俗的人就嘲笑说："原来以为孟尝君是个高大魁梧的伟丈夫，今天看到，没想到竟是个瘦小枯干的小男人。"孟尝君听了，脸烧得就像火炭一样，身体不停地颤抖，突然他的手臂轻轻举起，跟着往下猛力一挥，只说出了一个字："杀!"紧跟着，孟尝君就带领着他的门客们展开了一场丧心病狂的屠杀，几百名手无寸铁的百姓被当场砍死。孟尝君杀死了所有围观百姓后，还不足以泄愤，就又将整个县焚毁了，这才迅速地离开了赵国。

孟尝君返回齐国后，齐滑王对让孟尝君赴秦的事情感到愧疚，就让他做了宰相，掌握了齐国的政权。公元前298年，孟尝君任齐国宰相后，立即联合韩、魏，对秦国予以报复。三家联军一直攻到秦国函谷关外。孟尝君向西周国借兵器粮草，西周国国相苏代劝阻了孟尝君，告诉他攻秦国是在复兴韩、魏，韩、魏复兴，齐国就危险了。孟尝君经过分析后，认为苏代说得有道理，这才避免了一次可能让自己失败的兵灾。

在孟尝君的众多门客中，有两位真正的能人，一个是深谋远虑的冯驩，另一位是义士魏子。冯驩虽出身贫寒，但实是一个有大智慧的人。他最初投奔到孟尝君门下的时候只穿着一双草鞋。孟尝君问他有什么特长，

冯驩回答说："我家里贫穷，听说您是个乐于养士之人，就到您这里来混碗饭吃。"孟尝君听了，信以为真，就收留了冯驩，安置他住在了传舍。

十天后，孟尝君向传舍的管理人员询问冯驩的情况。管理人员说："冯驩每天在吃饭的时候都用手指击打着自己的长剑，边敲边唱：'长剑啊，长剑，我们回家吧！饭里没有鱼啊！'"孟尝君听后，就将冯驩搬到幸舍，吃饭有了鱼肉。五天后，孟尝君又向幸舍的管理人员询问冯驩的情况，管理人员回答说："冯驩在我这里总是边弹剑边唱：'长剑啊，长剑，我们回家吧！出门没有车啊！'"孟尝君听后，又把冯驩迁到了代舍居住，让他坐上了车子。又是五天过去了，孟尝君找来代舍的管理人员询问冯驩的情况。代舍的管理人员回答："冯驩先生还在弹唱，他说：'长剑啊，长剑，我们回家吧！在这里没有钱能够养家啊！'"孟尝君听后很不高兴，心想："你只是来找我讨口饭吃，我已经把你作为上宾对待了，怎么还得寸进尺呢！"于是没有再理冯驩。说也奇怪，在这以后，整整一年，冯驩都没有再提出什么要求。

孟尝君做了齐国宰相后，他在薛邑的封地已增加到了万户。同齐国的大多数大夫一样，孟尝君也在自己的封地内放债。有一年，年景不好，孟尝君放出的债一时收不上来。门客们都推荐终日在府内要吃要穿，无所作为的冯驩去收债，想刁难一下他，孟尝君不知道门客们的想法，同意了这个建议。他请来冯驩，恳切地说："我门下有三千多人，都需要吃饭。由于我封地的收入不能够供养这么多的宾客，只好在薛邑放债。而今薛邑年景不好，百姓多数都不能付给利息。这样下去，宾客们可就要没饭吃了。门客们都举荐先生贤能，所以我希望先生能替我去索取欠债。"

冯驩听后，答应了孟尝君的要求，去了薛邑。在薛邑，冯驩买了酒菜，大摆宴席，将欠债的人都请了去。百姓们一听有东西吃，就都参加了宴席。酒席宴上，冯驩拿着契据一一核对，当场索得欠债利息十万钱。随后冯驩对那些有钱不愿意还的人定下期限，而对那些穷得不可能付息的，他当场取回契据，一把火烧了。冯驩对薛邑百姓说："孟尝君向大家放债，是想给没钱的人提供资金去从事生产，维持生计；他让我来向大家索债，是因为今年年景不好，他已没有钱财供养宾客。现在，我对有钱还债

的人约定下日期，要他们在期限内还债，至于没有能力还债的人，孟尝君让我把契据烧毁，这些人的债务将全部废除。”百姓们听后，无不感动，纷纷起身，连续两次向冯驩行跪拜大礼。

孟尝君听说冯驩烧了契据，立即派人召回了冯驩。冯驩刚一进门，就被孟尝君大骂了一顿。冯驩等孟尝君骂完后才恭敬地说：“如果我不大办酒宴席，债民就不能全都集合到一起，也就不能分清他们的贫富。富裕的，我让他们限期还债。贫穷的，我即使催促十年，他们还是还不上。债务拖得时间越长，利息就越多，百姓实在没办法时就会逃亡赖债。如果我们催促紧迫，不仅不能收上债务，可能还会激起民变，那样大王就会认为君侯贪财好利，不爱惜百姓，下面更是怨声载道。君侯多年的经营就将毁于旦夕。我烧掉毫无用处、有名无实的借据和账簿，薛邑的百姓就会从此拥护君侯，四处彰扬您善良的美德了。君侯还有什么疑惑吗？”孟尝君听后，开始对冯驩另眼相看。他向冯驩道谢，赞赏了他。

孟尝君做了齐国宰相，对秦、楚两国都构成了威胁。秦国和楚国就开始收买齐湣王身边的近臣，让他们毁谤孟尝君，蛊惑齐湣王。久而久之，齐湣王对“名高其主而擅齐国之权”的孟尝君越来越不放心，免去了孟尝君的所有官职。孟尝君失势后，门客们也都一个个地离开了他。只有冯驩一人仍然伴随在孟尝君身边，为他谋划。冯驩对孟尝君说：“借给我一辆车，我要去一次秦国，我回来后，君侯的地位会得到恢复。”孟尝君听后，就准备了马车和礼物送冯驩上路了。

在秦国，冯驩见到秦昭襄王说：“当今天下是秦齐两国决一雌雄的时代，而使齐国受到天下人敬重的，就是孟尝君。现在齐王将孟尝君罢免，孟尝君心中自然无比怨愤，从而背离齐国。如果能让孟尝君进入秦国，齐国朝中上至君王，下至官吏的所有情况就都在大王您的掌握之中。那时秦国就将得到整个齐国，还有谁能与秦国争雄呢？”秦昭襄王听后，马上派遣了十辆马车，载着百镒黄金去齐国迎请孟尝君。

冯驩见已经说服了秦昭襄王，则立即辞行，跳上马车，日夜兼程，抢在秦国使者前赶回了齐国。到了齐国，冯驩立即求见齐湣王。冯驩对齐湣王说：“齐秦两国争雄，秦国强大，齐国就必定衰弱。现在，我得知秦人

已带着十辆马车，载着百镒黄金来迎接孟尝君了。孟尝君一旦西去，必定担任秦国丞相，那时齐国还能称雄吗？临淄还能守得住吗？齐国也就危在旦夕了。现在秦使还没有到达，大王应赶快恢复孟尝君的官位，并给他增加封邑，向他道歉，稳住孟尝君的心，挫败秦国的阴谋啊！”齐湣王听后，这才发觉事情的严重性。他赶紧派人到边境拦住了秦国使者，然后急召孟尝君，恢复了他的宰相官位，还给了他原有的封邑和土地，另外还加封了一千户。孟尝君就这样重新掌握了齐国的政权。

孟尝君恢复了官位，冯驩去迎接他。孟尝君感叹地说：“我乐于养士，接待宾客从不敢失礼怠慢，有三千门客之多。可我一旦被罢官，他们却都离我而去，没有一个顾念到我的处境。现在我靠先生的帮助，恢复了权势，真不知道那些在危难时弃我不顾的宾客还有什么脸来见我啊？如果他们中还有人好意思来的话，我一定唾他一口，狠狠地羞辱他。”

冯驩听了这番话后，向孟尝君拜了一拜。孟尝君也立即还礼，然后问冯驩：“先生是在替那些宾客求情吗？”

冯驩回答说：“不是，是因为君侯说错了。人们常说，万事万物都有其发展的规律，世事都有其常规常理，君侯明白这其中的意思吗？”

孟尝君说：“请先生解释。”

冯驩说：“生老病死是事物的发展规律，而富贵多宾客，贫贱少朋友，则是人之常情。每天，人们日出而作，日落而息，并不是因为人们喜欢早晨，而厌恶夜晚，而是因为太阳落下去的时候，再在外边闲逛就没有意义了。所以，君侯失去官位时，宾客自然会离去，不能去怨恨。如果君侯因怨恨就截断了宾客再次奔向您的通路，那就是在违背世间规律啊。臣只希望君侯能像以前一样对待宾客就好了。”

孟尝君听后，向冯驩拜了两拜说：“听了先生的话，我还敢不恭敬地接受教导吗？”

孟尝君复相不久，齐国宗室内的田甲叛乱，劫持了齐湣王。后齐湣王得救，又有人对齐湣王说：“孟尝君也要发动叛乱。”齐湣王猜疑田甲叛乱与孟尝君策划有关，开始对孟尝君进行戒备。孟尝君担心被害，只好逃亡国外。就在这时，孟尝君过去的门客魏子站了出来。

原来，当初孟尝君曾让魏子去自己的封邑收租税。魏子往返三次，却一粒粮食也没带回来。孟尝君问魏子是什么缘故。魏子回答说：“我认识一个贤德的人，他需要帮助，我就以您的名义，私自把粮食都赠给了他。”等孟尝君问这人是谁时，魏子却怎么也不肯说。孟尝君一气之下把魏子辞退了。孟尝君落难逃亡后，曾得到魏子赠粮的那位贤士听说了，他上书给齐湣王，申明孟尝君不会作乱。齐湣王不听，这人就以生命作保，在宫门前刎颈自杀了。魏子听说后，也在宫门前自杀而死，以此表明孟尝君的清白。齐湣王为之震动，开始进行追查，发现孟尝君果然没有叛乱阴谋，这才召回了孟尝君。

以上这些，就是“孟尝君三难，赖宾客之力得免”的整个经过。令人遗憾的是，那个得到魏子赠粮的贤士，终究没有在历史上留下名字。

孟尝君这次被齐湣王召回后，就谢病归养，开始了韬光养晦的生活。说是要归老田园，心中却依然缠绵于权利之间。当时，秦将吕礼逃到齐国，被齐湣王任为宰相。孟尝君怕失势，竟排挤吕礼，将吕礼逼走。公元前286年，齐湣王灭宋，齐国势力一跃而成为七雄中最强的一国。于是齐湣王打算消去孟尝君的所有权力。孟尝君得知后，逃到了魏国。

魏昭王让孟尝君做了魏国的国相。孟尝君为泄一己之愤，使乐毅率六国兵力破齐，下齐国七十余城。齐湣王逃到莒城，并死在了那里。如果不是后来燕王免除了乐毅兵权，田单又巧用反间计，使火牛阵打败燕军，齐国就灭亡了。

齐湣王死后，齐襄王即位，孟尝君回国。齐襄王畏惧孟尝君，齐国的实际权力就都落到了孟尝君手中。孟尝君去世，田文的几个儿子争夺爵位，齐、魏两国趁机联合起来，扫平了薛邑，灭田氏满门。所以孟尝君绝嗣，没有后代。

(四)平原君

赵武灵王之子，赵惠文王之弟平原君赵胜，历任赵惠文王、赵孝成王时期赵国国相，是战国四公子中才能最为平庸的一人。

最初，平原君家的楼台与民巷邻近。小巷中有一个脚有毛病的人，走路蹒跚，十分难看。平原君的一个小妾在楼上看见了，不觉发声大笑。第二天，这个被小妾笑话的人就来找平原君说："臣听说君侯爱士，所以士人都不远千里来投奔君侯，君侯如果真的是贵士人、贱妾室的话，就请杀死昨天在宫楼上笑臣子的小妾，臣要得到笑臣之人的头。"平原君听后，笑着答应了。等这个人走后，平原君笑笑说："这个人只因为人家笑了他一下，就让我杀死小妾，不是太过分了吗！"因此没有杀死妾室。

一段时间以后，平原君的门客走了一大半。平原君感到奇怪，一问才知道那些人怪他不杀妾室，爱色贱士。平原君在这种情况下斩了那个小妾，亲自到脚有毛病的那人家里献上了人头，这样，那些走了的门客才都又回到了赵国。春秋战国时期，贫贱女子的生命都不如牲口，但仁者见仁，解决这件事情的方法还有很多，平原君实在没有杀死小妾的必要。

平原君才能平庸，目光也就十分短浅。赵孝成王四年，秦攻韩国上党，韩国上党守将冯亭不愿投降秦军，就想向赵国投诚。赵孝成王召平原君与赵豹商量，赵豹担心接受上党后，赵国就会与秦人正面交锋，不同意接受上党。而平原君则过于自信，赞成接受。赵孝成王采纳了平原君的意见，结果引发了后来的长平之战。

长平之战后，公元前 259 年，赵都邯郸被秦军围困，城内兵困粮尽，平原君尽散家财，发动士兵守城。公元前 257 年，平原君决定向魏国和楚国求援。门客毛遂在平原君府上三年，竟一直没有被发现重用。这时毛遂奋勇自荐，才能够同平原君一起去楚国求援。可以说，没有毛遂，也就没有楚赵之间的联合。毛遂对楚考烈王说："我听说商汤依靠七十里土地成就了王业，周文王靠百里的土地臣服了诸侯，难道打仗只看人的多少吗？重要的是能利用形势，威慑天下。现在楚国疆域五千里，士兵百万，这都是楚王你成就霸业的基石。以楚国的强大，天下谁能抵挡？白起，不过是个黄毛小子罢了，他只率数万军队，就能与楚国作战，第一战攻破楚国都城郢，第二战放火烧了夷陵，第三战竟然掠走了楚怀王。这些都是秦国与

你楚国不共戴天的仇恨，我赵国都为你感到羞愧。难道大王你就不痛恨秦国吗?”楚考烈王于是与赵国结盟，派春申君率军救赵。最后魏、赵、楚三家一起，击败了秦军。

平原君虽然没有大才，但正应验了天妒英才那句话，他是战国四公子中最有福的人。孟尝君和春申君死后被灭族，信陵君有志难酬，抑郁而终。只有平原君一人，一生无大难，他死以后，赵国才被秦国灭亡。

四、秦、赵、齐三国间的对抗

自马陵一战后，魏国被齐国击溃，从此魏国走向衰落。战国的政治格局中逐渐出现了秦、齐、赵三强争雄的局面。秦国的强大始于商鞅变法，这一点在前边已经说过。赵国之强开始于赵武灵王。齐国则一直是一个东方大国。这一节，笔者就从齐国在战国中后期的兴衰入手，来讲述战国三强争斗的情况。

公元前306年，秦昭襄王即位。秦、楚关系得到改善，两国在公元前304年于黄棘结盟。秦、楚结盟，魏、韩向齐国靠拢。就在秦、楚两国在黄棘结盟的后一年，齐、韩、魏三国伐楚，齐国与秦国之间开始进入正式对抗。由于楚国在战国时期政治立场一直摇摆不定，秦国也开始拉拢齐国，并送泾阳君到齐国做了人质，齐国在大国政治中的地位便开始显得越来越重要了。而就在齐国国势蒸蒸日上的时候，齐国北面的燕国内发生了一件大事，间接导致了齐国后来的衰落。

燕王哙公元前320年即位，公元前314年被齐国人杀死。燕王哙三年，燕王哙以子之为相。不久，燕王哙听信了大臣潘寿的话，向尧、舜、禹三代帝王学习，将燕国王位禅让给了子之。燕王哙的做法引起了太子平的不满。子之执政三年，燕将军市被与太子平发动政变。燕将军市被先攻子之，围攻王宫，久攻不下。市被担心失败，就倒戈子之，反攻太子平，结果被太子平杀死。子之与太子平双方激战数月，双方互有胜败，燕国死伤数万人。

齐宣王听到了这个消息后，就与当时正在齐国做客卿的孟子商议。孟子说："现在去讨伐燕国，就像当年的文王与武王伐纣一样，我们应该举着平叛的旗帜去消灭子之。"齐宣王于是以平叛的名义出兵伐燕。燕将无一守城，一看见齐国军队，燕国的士兵就把城门打开撤退了，城里的燕国老百姓都高兴地出城迎接齐军。只用了五十天时间，齐军就扫平了叛乱，杀死了子之和燕王哙。

燕国的叛乱平息后，齐宣王想要直接灭亡燕国。孟子劝齐宣王说："我们是仁义之师，正因为这样，才能这么快地拿下燕国。如果现在反而想要占领人家的土地，这和趁火打劫的强盗有什么区别呢？失去了燕国人民的支持，其他国家再出兵救助，那么齐国就离失败不远了！"齐宣王不听。不出孟子所料，没过多久，其他五国果然出兵干预，齐宣王只好撤军。在齐军撤退的路上，遭到燕国人的掩杀，齐军狼狈撤回齐国。从此燕齐两国结仇。

齐军回国后，太子平被燕人立为新君，就是燕昭王。燕昭王想要复兴燕国，报齐国趁乱破国之辱。他找到老臣郭隗商议。郭隗给燕昭王讲了一个故事："古时候，有个国君，想要得到千里宝马。他派人四处寻找，可找了三年都没找到。一个侍臣告诉这个国君，只要给他一千两金子，他就一定能把千里马买回来。国君就给了侍臣一千两金子去买。可侍臣回来时，金子已花去一半，带回的却是千里马的马骨。国君见后，雷霆大怒。侍臣却解释说：当天下的人都知道您因爱马而不惜用重金去买马骨，还怕没有人把活马送来吗？国君将信将疑。果然不出一年，已有好几匹千里马被送到了这位国君的面前。"于是燕昭王筑起黄金台，广招天下贤人。魏国的名将乐毅，齐国的五行学家邹衍，以及赵国的剧辛都在燕昭王的礼聘下来到了燕国。

齐宣王死后，齐湣王即位。齐湣王一直想要吞并宋国。公元前 286 年，齐湣王与秦昭襄王在达成协议后，派大军灭亡了宋国。齐国吞并宋国后，势力急速膨胀。这样一来，天下人的目标就从秦国转移到了齐国。于是，在秦、赵两国的推动下，对抗齐国的五国合纵形成。公元前 284 年，由孟尝君田文谋划，身兼赵、燕两国相印的乐毅统率，秦、赵、魏、韩、

燕五国大军联合伐齐。

乐毅率五国联军于济西大败齐军，并乘胜攻入了齐都临淄，随后赵、韩、秦、魏四国军队在夺取了齐国几座城池后，分割了齐国的土地就撤退了。只有燕国军队在乐毅的统帅下继续进攻，不出半年，已经接连攻下齐国七十多城，最后只剩了莒城与即墨。齐湣王逃出临淄，经卫、邹、鲁三国逃入莒城。楚将淖齿率兵救齐，到了莒城后被齐湣王任命为宰相。而淖齿见齐国大势已去，便趁机杀死了齐湣王，与燕国共同瓜分了齐国的土地和燕国在战争中夺得的宝物。到这时，燕昭王终于实现了他的心愿，报了当年齐宣王破国之仇。

齐湣王被害，齐湣王子田法章隐姓埋名，躲到了齐国莒城内一户大户人家太史敫的家中做庸人。太史敫的女儿看到田法章的容貌后，深深地被这个仆人的气质吸引，一有空就从家里偷偷地拿些衣服和食物来接济他。久而久之，两人就产生了感情，发生了关系。等楚将淖齿打劫了足够的齐国财物离开莒城后，莒城中的百姓和齐国亡臣开始聚集在一起，寻找齐湣王的儿子。田法章听说后担心被杀，等了许久，一直到确定人们是要立嗣，他才敢公开自己的真实身份。于是齐人立法章为王，是为齐襄王，并坚守莒城，布告齐国。齐襄王即位后，立太史敫女为王后，史称君王后，生有一子，就是齐国最后一代君王齐王建。

但太史敫对女儿私通的事情却一直不满，他气愤地说："你不经过媒妁之言，自己找人，自己嫁了，不是我女儿，玷污了我们家族的名誉。"从此以后，一生都没有再见君王后一面。君王后没有因这件事情怨恨自己的父亲，仍然以女儿的身份照顾着自己的父亲。

燕军攻击即墨的时候，即墨大夫出城抵抗，在战斗中受伤死去了。即墨城就成了一座有兵没将的孤城。在这个人心惶惶的时刻，一个跟随大军从临淄逃难到即墨的齐王远房宗室田单，被人们推选为将军，肩负起了改变整个战局的使命。即墨与莒城都是齐国贵族聚集的地方，社会根基很深。田单在即墨成为军事统帅后，即墨城的上下军民在田单的指挥下，更是攻防得体，防守严密，让燕军无懈可击。而莒城大夫则立了齐襄王，大部分齐国大臣当时都和齐湣王一起逃到了莒城，在这里做最后的

抵抗。所以莒城人都抱定了必死的信念，斗志十分高昂。齐人坚定的信念，与指挥的得法，使得乐毅围困莒城和即墨三年，竟始终未能攻下。

虽然乐毅用了三年时间仍然没有拿下莒城和即墨，但那也只是时间问题。历史上有许多重大战役都是将帅出兵在外，祸起萧墙之内。当时燕国内的乐毅政敌都说："乐毅在半年内就打下齐国七十多城，可在莒城和即墨却用了三年时间，这并不是他攻不下这两座城，而是他想收服齐国人心，将来要当齐王。"燕昭王听了，笑了一笑，干脆就下诏封乐毅为齐王。乐毅接到诏书后，既感到感激，又感到惶恐，坚决不受。

公元前 278 年，燕昭王去世，燕惠王即位。燕惠王本身就十分反感乐毅，加上这五年里燕国内诋毁乐毅的流言四起，燕惠王对乐毅就更加猜忌了。而田单一听说燕惠王即位，就暗中派人潜进燕国散布流言，说："乐毅早有当齐王的想法了。只是为了讨好先王才没有接受称号。现在新君即位，乐毅正准备称王。燕国要想攻下莒城和即墨，就一定要另派一员大将。"于是，燕惠王阵前换将，派骑劫夺取了乐毅的兵权。

骑劫挂帅后，改变了对齐的作战方针，捣毁齐人宗祠，刨开齐人坟墓，焚烧尸骨，对齐国的降兵一概施以割掉鼻子的劓刑，想要在精神上摧垮齐人。骑劫的做法不但没能令齐人屈服，反而使齐人抵抗的决心倍增。

战国·酒具盒

而骑劫却毫无察觉，他见齐人死守城池不出，更坚信齐人胆怯，行为越加轻狂起来。

田单利用了骑劫骄纵的心理。他先向骑劫诈降，放松了燕军的警惕。然后田单亲自挑选了一千多头公牛，在牛身上画上了大红大绿的图案，牛角上捆上了两把尖刀，再在牛尾巴上系上一捆浸透了油的苇束。到了半夜，田单凿开即墨的城墙，把千牛大队悄悄地赶到了城外，牛头全部朝向燕军军营的方向。然后田单下令，让士兵们同时点燃牛尾上的苇束后立即后退。不一会儿，苇束烧着了牛尾，一千多头牛被烧得狂叫，笔直地向燕军兵营猛冲。随后，田单组织五千名齐军精锐跟在牛队后掩杀。同时即墨城中的老百姓们也都登上了城头，拿起铜器狠命地敲打。燕军受到这样突如其来的猛攻全面崩溃，许多士兵还没有来得及穿上铠甲，就被疯牛顶死了，骑劫也死在了乱军中。

田单一战得胜后，不给燕军任何喘息的机会，乘胜反击，很快就收复了被燕军攻占的七十多座城池，光复了齐国。齐国经此劫难，虽能重生，但已无力称雄。六国中能与秦国一较高低的，就只有赵国了。

五、秦赵争衡

魏国、齐国先后衰落后，最后能阻挡秦人战车的，就只剩下赵国了。公元前310年，秦惠文王去世后，秦武王即位。秦武王在位四年就死去了，由秦昭襄王在公元前306年继承了王位。

有人可能会问，秦武王为什么在位时间这么短呢？是他体弱多病，还是被人杀害，抑或是战死疆场？都不是。秦武王不但不体弱多病，而且还十分有活力。也就是因为他太有活力了，所以英年早逝了。事情是这样的，秦武王即位不久，张仪就死去了。张仪死前一直都在劝说秦武王攻击韩国，胁迫周室，达到挟天子以令诸侯的目的。

公元前307年，秦武王拜甘茂为大将军，按照张仪生前的计划，攻下了韩国的宜阳，兵临成周。秦武王到了成周，第一件事就是去看九鼎。九鼎是大禹治水时铸造，分镇天下九州，从夏入商，又由商传至周朝，早已成为了天下共主的象征。每座鼎代表一州，九座大鼎上分别铸有九州的名称。秦武王看着一座一座大鼎，突然指着一座说："这鼎上是'雍州'两字，雍州不就是说我大秦吗？我要把他搬回咸阳去。"说着他就把上千斤的大鼎扛了起来，那蛮力可真够惊人！就在这时，秦武王一口气没上来，大鼎落下，将他的腿砸断了。当天夜里，他就死去了。秦武王无子，王位就由他的表兄弟继承了，这就是秦昭襄王。

就在秦国为秦武王操办丧事的这一年，赵武灵王开始了他的改革。战国时期的赵武灵王是一个目光远大、有胆有识的君主。同样是在公元前

307年的一天，赵武灵王把大臣楼缓叫到了身边。

赵武灵王指着面前的一幅地图说："楼缓啊，你看看，咱们北边有燕国，东边有东胡，西边有林胡、楼烦、秦、韩等国，中间还有中山。四面八方全是敌人，自己要是再不发愤图强，随时都有亡国的危险啊！"

"是啊！大王说得很对。可是要图强就一定要革新，可谈到革新，我们又应该从什么地方入手呢？"楼缓很为难地看着赵武灵王。这时一名侍臣端着一碗肉汤，低着头，小心翼翼地走了进来。可能是他的袍子有点长，有一步稍微迈得大了点，正好踩在袍子的边儿上，随即身子前倾，"哎呀"一声倒在了地上——肉汤也洒了一地。赵武灵王看见，眉头先是一皱，跟着哈哈大笑起来。

这一笑可把楼缓弄蒙了。"大王，您这是——"

"楼缓啊，你看看，你看看！咱们现在穿的袍子这么长，袖子也是这么长。"说着赵武灵王伸开双臂，看着长长的袖子，在原地转了一圈。"现在我们连端一碗汤都这么费劲儿，跟别人打仗自然要处处受到制约。不行！我决定了，就从咱们平常穿的衣服开始革新。"

"可是……要怎么革新呢？"楼缓不解地问。赵武灵王笑了："这还不好办，有现成的样子啊。你看，北方胡人的衣服多方便。短褂、裤子、长靴，袖口短，腰里系一条皮带，走路做事又灵活，又方便，多棒啊！更重要的是，穿上这种衣服，我国也就用不着再使用马车作战了，直接骑马砍杀，那可真是太方便了。"

楼缓听了，低头看了看刚从地上爬起来的侍臣，突然发现，他正瞪着一双明亮的眼睛瞅着自己笑呢！这下子楼缓全明白了："原来主公心里早就有了打算，今天是在作戏给我看啊！那我还犹豫什么？"想到这，楼缓连忙说："臣没有任何疑义，马上就去办理。"

第二天上朝，赵武灵王和楼缓穿着胡服走了出来。他把自己的想法说出后，朝堂上除了楼缓赞成外，全部反对，其中最顽固的就是赵武灵王的叔叔公子成。赵武灵王一时也没有办法，只好在朝会后把公子成单独留了下来。他对公子成说："穿胡人服装的好处我都说了，道理大家都明白。你想想，我们赵国四面都是强国，我们的军队如果不够强大，我们的

国家就会灭亡。在这种情况下，我们是改变服装，加强军队战斗能力好呢，还是守着一身的长袍，等着被击败、被灭亡好呢?”

公子成也不是糊涂的人，只是一时没转过弯而已，认真思考后，就同意了。又过了一天，公子成也穿上了胡服。朝臣们一看，态度最强硬的人都改变了，没有办法，也都改穿上了胡服。就这样，没过多久，赵国人人都改穿胡服了。自此，赵武灵王开始了他的一系列革新。

赵武灵王穿胡服后，又学着胡人，开始骑马射箭。一年后，赵国建立起了中国历史上、中原国家中的第一支骑兵军团。公元前305年，赵武灵王亲自率军把中山国从魏国人手中接收了过来。跟着，赵武灵王又收服了东胡等几个部族。到了公元前296年，赵国北边的疆域已经扩大到代郡，先后收复了林胡、楼烦、河宗氏、休溷诸貉，并收编了林胡及楼烦的军队。赵国自此成为三晋中最强的国家。

赵武灵王在位二十七年，公元前298年，赵武灵王为能专心率领骑兵开疆拓土，把王位传给了其子赵何，是为赵惠文王，自己做起了太上皇，史称赵主父。赵主父的这一安排引起了其长子公子章的不满。赵主父心疼长子，就打算将赵国一分为二，将代郡封给公子章。可是这个想法还没有实践，公子章就已经造反。公子成与李兑发兵平叛，击败了公子章，剪除了公子章残党。公子章逃到沙丘行宫，找到赵主父请求救护。毕竟是父子，虽然是儿子造反，赵主父却不忍心看到他被杀，就把公子章藏了起来。公子成与李兑兵至，为擒杀公子章，包围了沙丘行宫。结果，公子章最后还是被杀了。公子成与李兑杀死公子章后，担心撤围后遭到赵主父降罪灭族，于是将沙丘行宫中所有的宫人逐出，只留赵主父一人，包围三个月，将赵主父饿死在了宫中。一代雄才赵武灵王就这么死了，令人惋惜!

赵惠文王时期，乐毅、蔺相如、廉颇、赵奢等能臣名将云集，是赵国的黄金时期。赵国以一己之力，阻挡住了秦军东进的脚步。秦国数次灭魏，都因赵国出兵援助的关系而失败。公元前270年，秦军进攻赵的阏于，被赵将赵奢击败。秦军不甘心失败，又进攻赵国裳地，也被赵将廉颇击败。总之，在赵惠文王时期，秦军可说是屡战屡败。赵惠文王死后，赵孝成王即位，战场上的形势发生了变化。

公元前262年，秦昭襄王采用范雎“远交近攻”的策略，出兵进攻韩国，攻克了韩国的陉城、南阳、野王等城，兵临荥阳。韩桓惠王向秦国求和，许诺将上党献给秦国。而上党郡守冯亭则拒绝秦国接收，打算用投降赵国的方法，将秦国的矛头转向赵国。赵孝成王贪图小利，派兵接收了上党所属的十七个县。同年，秦昭襄王得知上党被赵国接收，立即派左庶长王龁进攻上党，赵军在上党守军不足，退守长平，于是战国历史上最大规模的战役揭开了序幕。

长平之战对秦赵双方都是一场考验。这场战役规模宏大，极其惨烈，前后持续三年，秦、赵双方动用的总兵力超过百万。对两国而言，无论是社会经济，还是军事实力，都经受着前所未有的严峻考验。当时不只是赵国人无粮可食，秦国也被战争拖得“国虚民饥”。战争发展到最后，无论是赵国，还是秦国，都征调了15岁左右的男孩从军。可以说，这是一场秦、赵两国之间的大决战，秦胜则天下归秦，赵胜则能使七国争雄的局面维持下去。

战国·虎座鸟架鼓

长平之战大体可分为两个阶段，从公元前262年到公元前260年是第一个阶段。在这近三年的时间里，名将廉颇指挥赵军筑垒固守，以持久战的形式消耗秦军。秦军虽在小规模的冲击中取得了一些局部胜利，但是在主战场上始终没有占到绝对优势。如果以这种方式打下去，在双方都没有犯重大军事错误的情况下，秦军可能会主动撤

军；也或者双方会因战争消耗过大，都没办法坚持下去而进行和谈。但无论是哪一种结局，赵国都将夺取上党，所以战况显然对赵国有利。

第二阶段从公元前 260 年开始。秦昭襄王一面用范雎的反间计，散布谣言说："廉颇已经老了，秦军不怕廉颇，很快就会取得胜利。可这时候要是'年轻有为'的赵括成为赵军统帅，秦国可就危险了。"结果赵孝成王为尽早结束战斗，信以为真，真就派善于纸上谈兵的赵括替代廉颇。另一方面，秦昭襄王暗中派名将白起到长平替下了王龁，指挥秦军，随时准备进行最后决战。

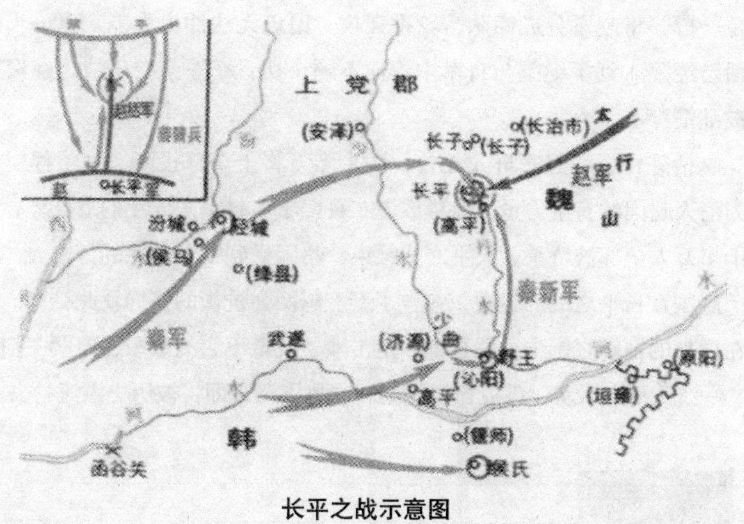

长平之战示意图

赵括是赵国名将赵奢的儿子，按现在的话说，他是一个军事理论家。父子两人在探讨兵事的时候，赵奢有很多时候都辩不过他。赵奢死前特意嘱咐家人，不要让赵王重用赵括，因为赵括过于自傲，刚愎自用。赵奢知道，自己儿子的许多军事构想听起来虽然言之成理，但战场形式瞬息万变，赵括不够稳重，如做一员小将，或可身先士卒，可一旦统领大军，他就极有可能冒进轻敌。所以赵孝成王任命赵括替代廉颇时，赵括的母亲主动劝说赵孝成王解除自己儿子的兵权。赵孝成王不听，终于酿成了长平之败。

赵括接替廉颇后，立即下令全军出击。白起则针对赵括缺少作战经

验、自负轻敌的缺点，制定了对赵军采取迂回包抄的战术。白起令秦军前锋部队诈败，引诱赵括率军深入，在撤退的同时埋伏下两支秦军，伺机切断赵军与后方的联系。赵括茫然不知，一直攻到秦军加固的壁垒前，遇秦军主力坚守，无法攻入。就在这时，白起布下的两支秦军伏兵突然出击，将赵军分割包围。赵括无法突围，只好就地筑垒坚守，等待援兵。

秦昭襄王在后方听到白起已围困住赵军主力的消息后，亲自赶往河内，征发了当地15岁以上的男子，全部开赴长平，以阻断赵军粮道。赵括被白起围困四十六天，断粮绝援，将士数天未食，饥饿难当。赵括只好孤注一掷，将赵军分成四队，轮番强攻，但仍无法冲出重围。也许当时的赵括已经陷入到了绝望与自卑中，他不顾一切，率军亲自出战，在秦军阵前被乱箭穿心。

赵括阵亡后，赵军群龙无首，四十多万将士全部投降，做了俘虏。白起为消灭赵国的有生力量，除释放了二百四十名赵军未成年的战俘外，其余四十多万人全部被坑杀。长平之战结束，赵国受到了致命性的打击。

赵国在长平之战的失败，宣告了秦、赵两强抗衡的格局就此结束。赵国虽在后来的邯郸之围中，联合魏、楚击败了疲惫不堪的秦军，但秦王扫平六国、一统天下的大势，就此已不可逆转，战国风云即将被历史洪流卷去。

点评

人们总是把赵国长平战败的原因归结到纸上谈兵的赵括身上。其实，真正导致赵国战败的不是赵括，而是赵孝成王。作为一国之君，首先就应该学会用人。而要学会用人，就应该学会知人，唯有知人，才能善用。

赵孝成王不是一个能知人善用的人。他起步的根基很好，志向也很远大，但才能却很平庸。在根基上，赵武灵王“胡服骑射”，对赵国进行革新，使赵国迅速强大了起来。赵惠文王继续开疆阔土，任用蔺相如、廉颇、赵奢、乐毅等人，屡次击败秦军，打败了塞北胡人的入侵。赵国在这两代君王的努力下，到赵孝成王时，已十分强盛，完全有能力与秦人一决雌雄。如果不是赵人在长平战败，秦人是绝不可能在公元前221年统一天下的。

用人之道在于用人不疑，疑人不用。士兵在阵前打仗，最忌讳的就是阵前换将。而这两条，赵孝成王都犯了。更重要的是，对于一场持续了三年的大仗，一场关系到赵国生死存亡的大战，怎么能听信谣言，就使用一个自己根本就不是很了解的人呢？这说明赵孝成王是一个智慧平庸的人。而在正式启用赵括前，赵括的母亲竟亲自出面进行劝阻，赵孝成王仍然坚持己见。这就进一步说明，赵孝成王不仅才能平庸，而且刚愎自用。天下的母亲哪有不爱自己儿女的？赵括的母亲会阻止自己的亲生儿子为将，不是经过深思熟虑，不是以国家安危为重，不是怕自己的儿子遗臭万年，又怎么会做得到呢？

所以说，长平之战，赵国的战败是赵孝成王咎由自取，怨不得别人。

相关链接

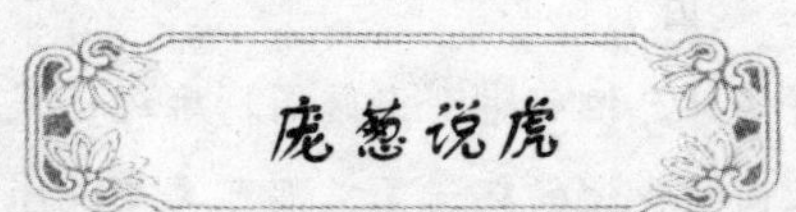

庞葱说虎

魏国又被赵国打败了，这次魏国大夫庞葱要陪着太子一起去赵国做人质了。将要走的时候，庞葱要求再见魏王一面。

庞葱来到大殿上，这时魏王正在看书，见庞葱进来才把头抬起来。“庞葱，这次又要辛苦你了。让你去做人质是我对不起你啊。”魏王说。

庞葱忙上前一步跪下说：“大王快别这样说，哪有人愿意打败仗啊！大王，我马上就要走了，但还有一些事情不大放心，想问一下大王。”

“那就说吧，没有什么关系的。”魏王说。

“大王，如果有一个人突然跑到您跟前说他看见人来人往的集市里有一只老虎，您会相信吗？”魏王笑了：“庞葱啊，你一定是说笑吧，我当然不会信，集市里怎么会有老虎呢？”

庞葱又问：“如果一会儿再来一个人对您说同样的话呢？”

魏王沉默了一会儿，然后说：“不会的，市场里人那么多，怎么会有老虎呢？我不信。”庞葱紧接着说：“好，现在我也来对大王说，我确实

看到一只老虎横卧在闹市里，而且我还派人去摸过它，证实那确实是一只老虎。现在，大王对我的话怎么想呢?”

魏王一听，站了起来，快步走到庞葱面前，紧握住他的手问：“真的？你真的看到了？怎么会这样！我真是没有想到，这些年老是打仗，竟然让我们的国家人口少得这么可怜，大白天里，老虎都敢跑到街上来了。我这个王是怎么当的啊!”

庞葱听了这话以后，深深地叹了口气：“果然不出我的所料，大王真的相信了！事实上，人虎都是互相害怕的，人多的地方不会有老虎，这是任何人都知道的事情，所以老虎是绝对不会在闹市中出现的。如今大王不顾及情理、不深入调查，只凭三个人说闹市中有老虎就肯定有虎，那么等我到了比闹市还远的赵国，您要是听见三个或更多不喜欢我的人说我的坏话，那不是要断定我是坏人了吗？我真担心，我一走，大王您就会听别人胡说八道，那怎么办呢?”说完庞葱和魏王辞了行，跟太子一起去赵国了。

还真和庞葱说得一样。他前脚刚出魏国，后边就有一些平时对他非常不满的人开始在魏王面前说他的坏话了。那可真是说什么的都有。什么庞葱老往赵王宫里跑了，什么庞葱总请赵国人吃饭了，更可气的，还有人说庞葱要帮助赵国吞并魏国，你说说，这都哪儿挨着哪儿啊！开始魏王对这些没边儿的事情倒也是左耳朵进，右耳朵出，全当耳旁风了。可时间一长，就连王妃也在魏王耳边吹风，说什么庞葱不能相信一类的话。魏王的耳根子就开始发软了，终于有一天，魏王对他的妃子说：“庞葱的事情已经闹得‘地球人都知道了’（当然，魏王肯定不会这么说，不过大概就是这个意思)，我想没有风，空中就不会有飞舞的沙子，作为一个国家的王，我得把老祖宗给我的这点土地守住了。所以我宁可错怪了庞葱，也不能丢掉我的江山啊!”

过了一段时间，庞葱被赵国放了回来。无论谁说什么，魏王也不愿意见他。庞葱在大殿外跪了一天一夜，魏王也没有见他。最后庞葱只能仰天长叹：“人嘴里的这个舌头啊，真是太可怕啦！”说完，哭着走了……

第十一章
东周的灭亡

一、东周最后的灭亡

纵观春秋战国，从诸侯争霸到七雄割据，诸侯与诸侯之间，国与国之间，生死相搏，存亡兴衰，尔虞我诈，兵戈相错。周王室在残酷且雄浑的时代变革中，天威丧尽，于汹涌澎湃的五百五十年中沉沦，从一个掌握天下的帝室逐渐沦为仅辖成周一域的小小国家，如沧海一粟，渺渺无所凭依。

周幽王当国，一场烽火游戏诸侯，引得狼烟四起，国破身死。镐京城破，平王东迁洛邑，丧失祖宗基业，周王室从此衰微。平王逝世，桓王即位。郑庄公趁机发难，周桓王兴兵问罪，祝聃一箭射散天威，由此拉开了诸侯争霸的序幕。先后有齐桓公、宋襄公、晋文公、秦穆公、楚庄王、吴王阖闾与越王勾践；各方诸侯均领袖一时，挟天子以令群雄，会盟天下。春秋三百六十多年里，从桓王以后，有庄王、釐王、惠王、襄王、顷王、匡王、定王、简王、灵王、景王、悼王、敬王、元王、贞定王、哀王、思王、考王、威烈王十八位天子。他们不只不思进取，更是昏庸无能，被诸侯呼来唤去，摇摆求生。

公元前 403 年，即周威烈王二十三年，韩、魏、赵三家分晋，成周地区发生轻微地震，九鼎震动，冥冥中预示了朝代的更替。公元前 401 年，周威烈王逝世，安王骄登位。安王以后是烈王。周烈王二年，即公元前 374 年，周太史儋到秦国拜见秦献公。在《史记》中记载了周太史儋对秦献公说的一段话。周太史儋说："成周与秦国原本是一体，平王迁都后才被分开，分开五百年以后，成周与秦国一定会再次合在一起。成周与秦

国重新合并的十七年后，将会有能够一统天下的人出现。”周太史儋说的，无疑就是秦始皇会扫平六国的事情。周太史儋难道有未卜先知的能力吗？这些话很有可能是秦人自己杜撰的，司马迁在编写《史记》时收录了进去。不过，从《史记》中后来的记述看，成周王室从周烈王开始，肯定已经被秦国控制了。比如，公元前 364 年，继周烈王以后的显王扁曾祝贺秦献公称霸；公元前 360 年，显王扁又将祭祀文王、武王的胙肉送给了秦献公；公元前 344 年，秦献公在成周会盟诸侯，俨然以天子自居；到了公元前 336 年，显王扁封秦孝公为诸侯之长；公元前 325 年，秦惠王干脆称王，其他诸侯也纷纷效仿，周王室名义上的天子地位也从此丧失。

周赧王时，成周一分为二，东西两周各自为政，赧王迁国都到了西周。公元前 307 年，楚国认为周人站在秦国一边，想要攻打周国时，苏代游说楚王时说了一番话，更加证明了秦国控制周国的事实。苏代说：“楚王怎么知道周是帮助秦的呢？说周帮助秦国比帮助楚国更出力的人，是想让周投到秦国啊，所以这些人才把周、秦放在一起，说成是‘周秦’啊。如果大王你也这样认为，周明白了自己解脱不了，就只能投向秦国一方，这可真是帮助秦国取周的妙计呀！大王为长远考虑的话，周为秦出力，大王也应好好待它；不为秦出力，更应好好待它，这样，才能让周与秦疏远，与秦绝交，投向楚国一方啊。”可见，晋国灭亡以后，在战国时期周人为寻求保护，倒向秦国，的确是事实。

在战国时期，周国得以生存，完全是凭借其左右摇摆的外交手段与西周宗室的余威。尽管周国早已不是天下的共主，可周

战国·蟠螭纹铜鉴缶

国毕竟是西周王室的后裔，谁要是在没有能力赢得天下前，就灭亡周国的话，必然会成为各方诸侯共同攻击的目标。再说，周国的特殊身份有时候还是有利用价值的。周国也明白自己的特殊性，所以尽管由于地理上的特点，不得不依靠秦国，但为了保护自己，周人也会制造秦国与其他国家的矛盾，有时还会从中谋取到利益。

秦国曾向周国借道攻韩，周人担心借道后会得罪韩国，引来后患，可不借道又必然会得罪强秦。于是周国派人去见韩公叔说："秦国因为信任我国，想要穿过我国来攻打贵国，可我国希望阻止这场战争。如果贵国能赠给周国一些土地，再派出人质前往楚国的话，秦国就一定会怀疑楚国，不相信我君了，自然也就不会从我国境内通过，来攻打贵国了。"

韩公叔给予周国土地后，周国又派人去见秦王说："韩国非要给我们周国一些土地，想让秦王你怀疑我君。我周国小邦，怕得罪韩国，所以不敢不接受。"这样一来，周人既得到了韩国的土地，又维护住了与秦国和韩国的关系。在战国时期，周人的外交方式，几乎都类似于上面这件事情——谁也不敢得罪，有了机会，就从中捞取些好处，用两个字来形容这种外交方式，就是——油滑。

不过再油滑的泥鳅都毕竟不是鲨鱼。随着秦国一统天下的形势逐渐明朗，周国也必须采取行动了。长平之战后，秦国在公元前 256 年，又攻取了韩国的阳城、负黍，这就直接威胁到了西周国的安全。油滑了一百多年的周人一反常态，赧王延背叛了秦国，与东方各诸侯联合，率天下精锐部队出伊阙塞直攻秦国，切断了秦国与阳城之间的联系。秦昭襄王大怒，派将军摎攻打西周国。赧王延见到这种形势，知道再也保不住周国了，就跑到秦昭襄王面前叩头认罪，将西周国的三十六邑、三万人口，全部献给了秦国。

秦昭襄王知道赧王延再也掀不起什么风浪了，接受了赧王延献的人口、土地后，就让他又回到了周地。同一年，赧王延逝世，秦收取了周国的九鼎和其他珍宝器物，把西周公迁到了狐地。七年后，秦庄襄王灭掉东周国，前后历时八百年的周朝祭祀从此断绝。

二、天下一统

从公元前 259 年开始，秦国步步为营，对六国的土地不断蚕食，逐渐形成了分割包围六国的局面。在这一时期，吕不韦成为秦国相国，秦王嬴政登上王位，李斯逐渐掌握秦国大权，韩非子被害，荆轲为燕太子丹刺杀秦王，政治局势可说是矛盾重重。

长平之战后，秦军围攻邯郸。在魏、楚、赵三国军队的夹击下秦军大败，秦将郑安平也投降了赵国。于是六国形成了合纵抗秦的局势。但各国的合纵同盟并不牢固，双方仍然互相猜忌，无法团结一致。秦国利用各国之间的矛盾，不断兼并各国土地。在公元前 242 年，秦已在东部设置了东郡，将国土延伸到了与齐境相接的地方。到公元前 238 年，秦国的东郡地区，东北连接燕国，东部与齐相交，北围赵国，南围韩、魏。秦国自此完成了对东方各国的分割包围之势。

公元前 230 年，秦王嬴政开始扫平六国，进行最后的统一战争。这一年，秦将内史腾灭韩，韩地并入秦国版图，设为颍川郡。公元前 229 年，秦大将王翦攻赵，赵国予以顽强抵抗，派大将李牧与司马尚出兵迎击，被秦军击败，李牧被秦用反间计杀死。随后秦军围赵都邯郸，赵人坚守一年。公元前 228 年，王翦大破赵军，赵王迁投降。

赵王迁投降后，秦军开始准备灭燕。燕国太子丹派荆轲去刺杀秦王。荆轲想寻找好友剑客盖聂一同前去，但未能找到。由于时间急迫，经太子丹推荐，荆轲只好同曾经杀过人的秦舞阳一起去完成这项重要任务。

到了秦国，荆轲以进献秦王一直想得到的大将樊於期的人头与燕国山川地图为名，要求面见秦王。秦王嬴政于是召见荆轲与秦舞阳。在秦宫里，因秦舞阳胆怯，露出了破绽，让秦王嬴政有了防备。秦王嬴政令秦舞阳滞留宫外，只让荆轲一人上殿献图。荆轲捧地图到秦王嬴政面前进献。地图中藏有匕首，图穷匕见，秦王嬴政大惊失色，荆轲则拿起匕首向秦王嬴政扑去，可惜一击未中。秦王嬴政立即要拔剑还击，慌忙中宝剑却未能拔出，只好绕着殿上的铜柱躲避荆轲。关键时刻，侍臣赵高提醒秦王，宝剑太长，应将它拉到脊梁上再拔。秦王嬴政一试，宝剑果然出鞘。宝剑在手，秦王嬴政立即有了气势，反身一剑，将荆轲砍倒在地，随后又连续数剑，荆轲当场气绝。荆轲行刺失败后，公元前 227 年，秦王派王翦攻陷了燕都蓟城，燕王喜杀太子丹向秦国求和，并被迫迁都到辽东郡。

燕王求和，秦军于是在公元前 225 年集中兵力攻魏。秦将王贲引黄河水灌魏都大梁，魏王假坚守不住，只得出降，王贲屠城，魏国灭亡。秦军灭魏的同时，令大将李信率领 20 万大军攻楚。李信在城父被楚将项燕击败，身首异处。这是秦灭六国进程中，唯一的一次重大失败。公元前 224 年，秦王派王翦再次攻楚，项燕在蕲被王翦击败，自杀殉国。王翦乘胜攻

战国·金镇

入楚国国都寿春，楚王负刍被俘，战国七雄中历史最为悠久的楚国灭亡。秦军灭亡了韩、魏、楚三国后，于公元前222年，再次派王贲进攻燕国，俘虏了燕王喜，燕国灭亡。秦军随后剿灭了逃到代郡割据的赵国王室后裔，俘虏了自立为王的代王嘉，赵国灭亡。

公元前221年，王贲在灭亡燕国后，顺势南下灭齐。齐王建听取齐相后胜的意见，不战而降，齐国灭亡。秦王嬴政从公元前230年攻韩，到公元前221年齐王建出降，灭六国，一统华夏，只用了十年时间。自此，天下唯有大秦，一个全新的中央集权制度国家诞生。

相关链接

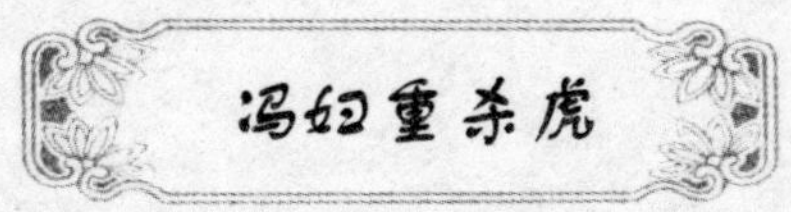

冯妇重杀虎

春秋时，晋国有个叫冯妇的勇士能徒手杀死猛虎。所以，当人们一看到老虎，就叫冯妇去打，冯妇也就靠杀虎谋生。

一天，冯妇看到一只白毛大虎横卧在山坡上。他二话不说，上去就和老虎搏杀起来。冯妇的拳头重，几拳就把老虎给打晕了，最后他用两只胳膊抱住老虎的脑袋，自己的胸、腰、腿全都压在了老虎的背上，硬是把老虎的脊椎骨给压断了。老虎被打死了。冯妇一边用大手擦着额头上的汗，一边喘着粗气，眼神中充满了胜利者的喜悦。

这时，他突然看到两只小虎崽从草丛中钻了出来，奔着虎尸跑了过去，然后在虎尸的胸前来回地蹭，时不时地还叫上两声，就像小孩儿在呼唤母亲一样。冯妇直直地盯着两只失去母亲的小老虎，一点兴奋劲儿也没有了。许久，冯妇转身向山下走去，他没有去剥虎皮，扛自己的战利品，他感到自己做了一件非常残忍的事情，于是决定以后再也不打老虎了。

从这以后一连几年，人们都没有看到冯妇上山打过老虎，却总是看到

冯妇把自己种的粮食分给穷人。冯妇说："我这是在还我过去杀虎欠下的债。"但每到黄昏，人们还能看到冯妇在园子里把木桩踢得劈啪直响。

人们都说："冯妇的心还没有死啊，其实他还是想要打老虎的。"

果然，这一天冯妇驾车经过一条山涧，正看到前面十几个老百姓拿着棍棒把一只老虎逼到了悬崖边上。山崖很窄，只能容一个人上去。老虎和人，你望着我，我盯着你，一时都不敢动弹，僵持在了那里。

恰巧人们看到冯妇驾车赶了过来，就都欢呼起来，硬拉着冯妇去帮忙打虎。开始，冯妇还推辞两下。这时老虎在山崖上叫了起来！虎啸震荡山壁。人们都吓得缩着头，捂起了耳朵。唯独冯妇的眼睛瞪了起来，简直比老虎还凶。就在人们望着冯妇的表情感到诧异的时候，冯妇大吼一声，挽起袖子就冲上了山崖……他又开始打老虎啦！

附录一
春秋战国时期的文化思想

一、儒、道、墨、法四大家

春秋、战国时期是一个思想异常活跃的时期，代表不同阶级、不同阶层、不同政治力量的学者或思想家，各言其说，各持一端，对宇宙、社会、自然等诸多现象都作出了自己的解释，提出了自己的观点和主张。于是，在这个大变革的时代，儒、道、墨、法、名、阴阳、兵、纵横、农、杂等家相继出现，形成了思想领域里“百家争鸣”的局面。在这“百家”中，主要以儒、道、墨、法四家思想对后世影响最为深远。

儒家思想的创始人是孔子。孔子名丘，字仲尼，春秋后期鲁国人，是一位伟大的思想家和教育家。他的思想，在政治上尊崇上古尧、舜、文、武、周公时期的社会制度，提倡大同社会。他认为无论是国家、家庭，还是个人，都应该有尊卑观念，懂得“君君、臣臣、父父、子子”的重要。孔子的思想核心是“仁”。因此，在治理国家上，孔子主张“仁政”。孔子开办了我国古代第一所私人学校，打破了“学”在官府的西周制度。他以礼、乐、射、御、书、数六艺教育学生，在教育上主张“因材施教”、“有教无类”。孔子为教学方便，增删了《诗》、《书》、《易》、《礼》、《乐》、《春秋》，以这“六经”作为教材教学，对继承上古文化作出了贡献。孔子去世后，他的弟子将他生前的言行，以及他主要弟子的言行编辑成书，就是《论语》。孔子以后，儒家学派中对后世影响最大的两个人是孟子和荀子。

孟子名轲，字子舆，战国时期邹人，是孔子的孙子子思的再传弟子。孟子曾到过齐、宋、魏等国，并担任过齐宣王的客卿，参加了齐宣王伐燕

一事。孟子晚年离开齐国后，回到邹地，与弟子万章、公孙丑等人一起将他一生的所见整理成书，后世命名为《孟子》。孟子发展了孔子的思想，他的思想核心是“仁、义”。他同孔子一样主张“仁政”，在孔子的基础上，他又提出了“保民”思想，反对诸侯混战，反对对人民的残酷剥削和压迫。

荀子名况，战国晚期赵国人，时人尊称他为荀卿。荀子年轻时曾在齐国稷下游学，后又到过燕、秦、赵、楚等国。荀子对秦国的政治十分推崇。晚年出任楚国的兰陵令，开始在兰陵家中著书。现传《荀子》三十二篇。与孟子的认识不同，孟子认为“人之初，性本善”，而荀子认为“人性本恶”。荀子虽是儒家思想的代表人物，但他的思想中有较浓的法家思想，法家思想的代表人韩非子和李斯都是他的学生。

在中国传统思想中，与儒家思想相提并论的是道家思想。道家学派创始人老子，姓李名耳，字聃，人称老聃。老子是春秋时期楚国人，与孔子同时。老子一生的思想精华都汇集在《道德经》一书中。他崇尚以无为治世，通过“无为”，达到“无不为”的境界。道家思想的另一个代表人物是战国时期的庄子，也称庄周，著有《庄子》五十二篇，现存三十三篇。如果老子的无为思想是面向社会，庄子的无为思想则是面向自我。他的思想中有消极避世的一面。

孔子像

墨家思想对后世也有相当影响。墨子名翟，春秋时期鲁国人，是墨家的创始人。他出

身于下层人民，其主张主要是维护下层的劳动人民。他反对战争，鼓励劳动，不崇尚奢侈，提倡朴素的生活方式，其中反对厚葬一条，与儒家思想中崇尚丧葬礼仪这一点是格格不入的。墨子的思想核心是“兼爱”和“非攻”，《墨子》一书基本上保存了他的思想。墨家的思想不大被统治阶级重视，但成了后代底层人民帮派组织的思想核心。墨子的信徒称为“墨者”，多是劳动百姓，生活都比较艰苦。墨子死后，“墨者”的首领称为钜子，领导“墨者”活动，可以说是中国早期帮派组织的雏形。在研究中国黑社会的出现问题时，必然要涉及到“墨者”行会的组织构成。

法家思想早在春秋时期就已经出现。管仲相齐，就多以法为依据。战国时期，法家的代表人物主要有李悝、商鞅、申不害、韩非子和李斯。韩非子可以说是集历代法家思想之大成者。他出身于韩国贵族，但因天生口吃，有才难伸，不被重用，只好闭门著书，写成《韩非子》一书。他认为：“儒以文乱法，侠以武犯禁，而人主兼礼之，此所以乱也。”韩非子主张“以法为教”、“以吏为师”，将法家思想发展到了极点。韩非子的主张被秦王嬴政所赏识，后韩非子到了秦国，却因同窗李斯嫉贤妒能，被谋害致死。

二、战国时期的都市发展

战国时期，随着社会生产力水平的提高，商品交换获得了巨大的发展，由此刺激了市场及城市的繁荣。

在战国时期，随着商品交换的迅速发展，各国的国都及其他城市都设有用于贸易的“市”，并且随着社会经济的不断发展，这些“市”的规模也在不断扩大，并且，各国对商品交换市场的建设与发展都制定了十分具体的管理制度。在秦国旧都雍东北部的战国时期市场遗址，面积约有近三万平方米，建筑平面呈“凹”字形，四周有长方形的围墙，南北长150米，东西长180米，四面围墙中间各有一座市门，入口处有大型空心砖作为踏步。在“市”的西边还发现有南北向的四条大街，与东西向的大街正好交错成“井”字形，可见当时的“市”是建在交通发达的地方的。

在对市场的管理上，各国对于“市”中的商业经营，要征收一定的营业税，对于行商，还要征收过关税，市场中所有的工商业从业者，都要征收屋基税。当时对于“市”中商肆的占地大小，也都做了明确的规定。如货贵的商肆占地不得超过七尺，货贱的商肆占地不超过十尺等。为了方便管理，还将经营同类商品的店铺都集中在一起，称为“列”。同时，各国还规定市场管理人员不得欺行霸市，搞垄断经营。由于各国对商业发展的重视，在一些繁荣的城市中，市场里的商品种类十分丰富。一些繁荣的大“市”，常常是一大早还没有开门，就有很多顾客等在市场门外了，市场门一开，人们就蜂拥而入，开始抢购自己所需要的商品。

随着城市内市场经济的繁荣，进入战国时期以后，各国的财政收入，除地租之外，工商业税收也成为了一个相当重要的经济来源。这样，一些重要的工商业城市，也就成了各国在兼并战争中激烈争夺的对象。在当时，各国都出现了很多工商业功能非常发达的繁华城市。如秦国的雍、咸阳、栎阳，燕国的涿、蓟，赵国的邯郸、蔺、离石，魏国的大梁、安邑、温、轵，韩国的荥阳、郑、屯留、长子，齐国的临淄、即墨、安阳、薛，楚国的郢、宛、陈、寿春，周的洛阳，郑国的阳翟，宋国的陶邑，卫国的濮阳，越国的吴等，都是战国时期极为著名的工商业大城市。

商业的繁荣推动了城市经济的发展，城市经济的繁荣推动了社会文化的发展。在繁华的商业城市中，人们的娱乐方式大大丰富发展起来，文化娱乐开始市民化、市井化。春秋以前，平民百姓们只有在社祭和腊祭时才有机会参加群众性的娱乐活动，可到了战国时期，斗鸡、走犬、六博、弈、投壶、踢球及讴歌等娱乐生活，从王宫大夫，到市民布衣都参与其中，乐在其中，据说孔子的学生子路就曾经常抱着一只大公鸡在“市”上找人寻斗。

三、稷下学宫与士阶层的兴起

从春秋到战国，西周的统治体系在不断瓦解，统治者的身份在不断地下移，权力先从天子转移到诸侯，又由诸侯转移到大夫，而在大夫取代诸侯，分割或夺取诸侯土地的时候，大夫门下士的地位也就随之提高。因此在战国时期的一个重要社会现象，就是士阶层的崛起。

士是西周贵族中的最低阶层，他们有一定数量的田地，受过礼、乐、射、御、书、数等“六艺”的官学教育，能文善武，不仅有参与政治的权力，更是国家军队的中坚力量。宗族血缘关系的瓦解，使战国时期士的定义及范围发生了巨大的变化。战国时期的士成为对有修养、有文化的人的统称。普通人家的子弟，只要通过学习文化，得到社会的认可，就可以上升为士。如苏秦、张仪、范雎、李斯、宁越等著名的政治家，都是从布衣平民中走出，成为士人的。战国时期各国的最高统治者，为了发展求存，都非常重视拉拢士阶层。所以，战国时期的士不只数量最多，而且品类繁杂，下至鸡鸣狗盗之徒，上至将相，全有士人的身影。

士阶层的发展，思想约束的减少，为战国时期学术文化的繁荣创造了重要的条件，致使在思想界形成了众多的学术派别，号称“百家”。在战国时代的社会大变革中，儒、道、阴阳、法、名、墨、纵横、杂、农，不同的思想家们从不同的角度出发，褒贬社会现实，分别提出了自己的见解和主张，从而形成了“百家争鸣”的局面。

在战国七雄中，最重理论服务于实践的是秦国，而各家学术思想云

集、纷繁交融的地方是齐国。齐桓公为广纳人才，在齐国国都临淄西郊的稷下设置了学宫，这就是稷下学宫。在稷下学宫，齐王“设大夫之号，招至贤人而尊宠之”，吸引了当时各国的学者前往齐国讲学、著述，齐国的稷下便成为了当时影响极大的学术文化交流中心。如战国时期的著名学者孟子、荀子、邹衍、淳于髡、慎到、田骈、环渊、接子、尹文等，都曾在稷下讲学。稷下学宫的规模很大，能容纳数千名学生在这里学习，稷下先生淳于髡死时，为他治丧的诸弟子就多达三千人。在稷下学宫，儒、墨、道、法、黄老、阴阳、明辨、纵横、兵、农等不同学术流派的学者纷纷登台讲学。他们一边著书立说，一边教育弟子，进行着自由的学术讨论。学者们在辩论中取长补短，完善自己的学说，使稷下学宫成为战国时期百家争鸣、学术繁荣的缩影。

齐国的稷下学宫兴盛于齐威王时，在齐宣王时达到鼎盛，齐湣王时，燕乐毅率六国大军攻破临淄，稷下学宫被迫解散，稷下学者不得不纷纷逃离。当田单复国后，齐襄王重开学宫，使稷下学宫再度复兴。公元前221年，齐王建不战降秦，齐国灭亡，持续了150年左右的稷下学宫也从此消失。尽管后来秦始皇焚书坑儒，杀死了大批学者，对战国时期的各家学术进行了摧残，但毫无疑问，稷下学宫对战国时期学术文化的发展促进作用是无可替代的。

四、周代的文学

（一）《春秋》、《左传》与《国语》

《春秋》是周王朝和诸侯各国的编年史，周朝时期，史官在春秋两季对史料进行整理，所以称为《春秋》。现今流传的《春秋》是鲁国编年史，曾经过孔子修订。《左传》是《春秋左氏传》的简称，又名《左氏春秋》，是配合《春秋》的编年史。据汉代史学家司马迁和班固记述，《左传》是由鲁太史左丘明所写，但自唐以后，学者对此多存疑问。

《春秋》仅是最简括的历史大事记而已，被王安石称为“断烂朝报”。《左传》比《春秋》记载详尽，详载逸闻琐事颇多。《春秋》和《左传》互相补充，互相验证，所以后人常将两书合在一起看待。

《左传》一书的内容涉及春秋列国的政治、外交、军事等各个方面，其既是一部历史著作，也是一部文学作品。《左传》叙事富于故事性、戏剧性，有紧张动人的情节。《左传》善于写战事，特别是对长勺之战、城濮之战等几次春秋时期大规模的战事描写，情节曲折细致，生动逼真。

《国语》是国别史史书，分别记载了周王朝和各诸侯国的事情。《国语》记录的多是西周天子和各诸侯们所说的话，因此起名为《国语》，传说它也是鲁国太史左丘明所写。司马迁有“左丘失明，厥有《国语》”的说

法。《国语》的内容从西周穆王始，至鲁悼公终。因《左传》与《国语》是同一作者所写，而且《左传》是解释《春秋》的书，所以《国语》也被人们说成是“春秋外传”。其实《国语》记事远自周初，显然与《春秋》不是一个系统，说它是“春秋外传”很不恰当。

（二）《战国策》的特点

《战国策》是杂记战国时期东周国和西周国以及秦、齐、楚、赵、魏、韩、燕、宋、卫、中山等国事迹的书，其作者不可考，大概是秦汉时期的人，在杂采各国史料后编纂而成，不过也有人认为是蒯通所作。《战国策》所记载的是战国时期谋臣策士之间纵横游说的斗争，和他们之间有关的谋略与辞说，所以保存了不少纵横家的著作和言论。内容从战国初年至秦并六国，涵盖了约二百四十年的历史。最初对《战国策》的命名繁多，有《国策》、《国事》、《短长》、《事语》、《长书》等，后经过汉代学者刘向重新整理后，遂定名为《战国策》，一直沿用至今。

《战国策》的文学性很强。书中的人物成分复杂，有追求个人功名富贵的利己者，如苏秦、陈轸，也有排难解纷而无所取的义士鲁仲连，意在收买人心的冯驩，敢于反抗强暴、蔑视王侯的唐且和颜斶。《战国策》所描写的人物惟妙惟肖，言辞生动。另外，《战国策》的一个显著特点就是善于说事，书中人物，陈述一件事也好，与人辩论也好，都被作者夸张渲染，充分发挥，说辞具有极强的说服力。如苏秦说赵王、张仪说秦王、司马错论伐蜀、虞卿斥楼缓等，其语言流畅，条理清晰，文学水平很高。不过由于《战国策》偏重于文学性的特点，其中的一些内容过于做作，有些失实。

（三）先秦诸子的散文

从春秋末期到战国末期是诸子散文蓬勃发展的时期。这一时期，来自不同阶级的士人兴起，他们成为推动社会发展的中坚力量。在这些士

人当中，有通晓天文、历算、地理等方面知识的学者，也有政治、军事等方面的杰出人才。一时间儒家、墨家、道家、法家、农家、纵横家等纷纷登场。于是在这个变革的时代，在这个瓦解旧礼教、探索新制度的时代，诸子百家争鸣，学术观点纷呈，思想文化兴盛繁荣。

《汉书·艺文志》中把先秦诸子归纳为儒、道、阴阳、法、名、墨、纵横、农、杂、小说十家。其中以儒、墨、道、法四家最重要。这四家的代表作品主要是《论语》、《孟子》、《荀子》、《墨子》、《老子》、《庄子》、《韩非子》等著作，这些作品分别阐述了他们的哲学思想与政治主张，是我国传统文化思想的核心所在。

在先秦诸子中，以儒家学派的孔孟思想对后世影响最为深远，其次是道家学派的老庄哲学。儒家思想的“入世”与道家思想的“无为”相辅相成，成为我国传统文人学者头脑中的精神支柱，在不同时期、不同环境下起着迥然不同的作用。正是“达则兼济天下，穷则独善其身”。有能力澄清寰宇时，则出世为官；无能力扭转乱世时，则清高自居。

而在文学方面，接受儒家思想的作品，多偏向于现实主义；接受老庄思想的作品，多偏向于浪漫主义。在对后世散文的发展上，先秦诸子散文的影响也十分显著。从汉初的议论文，到汉赋的出现，再到大唐的古文运

《 庄子 》书影

动，以及后代桐城派的诗文，无一不能找到先秦诸子的印记。

（四）伟大的爱国诗人屈原

屈原名平，楚国宗室贵族，是战国时期楚国伟大的爱国诗人，也是我国文学史上第一个伟大的爱国诗人。从屈原开始，诗歌从集体歌唱进入了个人独立创作的新时代。他博闻强记，熟悉政治情况，善于外交辞令，曾为楚怀王左徒，与怀王一同商议国事，发布命令，应对诸侯。

楚怀王起初很信任屈原。屈原想对楚国进行改革，使楚国迅速崛起，但在与以怀王幼子子兰等楚国的贵族为代表的保守派的斗争中，屈原却失败了。

当时，楚怀王使屈原制定新法。屈原正在起草时，楚上官大夫为了探听法令内容，竟想夺过去看，屈原当然不与，于是两人发生争执，上官大夫向楚怀王诬蔑屈原泄漏机密，恃才矜功，楚怀王遂疏远屈原。

屈原像

秦惠王知道这件事情后，派张仪至楚国趁机挑拨离间。张仪用商于之地六百里做诱饵，骗楚怀王与齐国绝交。楚怀王听信张仪的话绝交齐国，却不能得秦地，盛怒下发兵攻秦，结果先后两次大败，丧师失地。在这种情况下，楚怀王不得已，让屈原使齐，重新恢复了邦交，局势才暂时稳

定下来。

屈原认为非联齐不能抗秦，不消除贵族势力不能强楚。可昏庸愚蠢的楚怀王，在子兰等群小的鼓动下，终于选择了亲秦的道路，自此放逐了屈原。后来楚怀王与秦王会盟时，被秦王挟持入秦不返，客死咸阳。楚怀王死前，楚人拥立楚顷襄王继位。楚顷襄王用子兰为令尹，继续亲秦政策。屈原指责子兰劝怀王入秦不归，子兰便在楚顷襄王面前诋毁屈原。结果，屈原再次被流放江南。

屈原在长期流放中，无时无刻不在关心着自己的祖国，因而写下了许多不朽的诗篇，以抒发忧愤的情感。其代表作品有《离骚》、《九歌》、《天问》、《九章》和《招魂》等不朽诗篇。屈原的诗，以他爱祖国、爱人民的真挚情感打动了一代又一代人的心，以他高贵的品格与光辉灿烂的语言，影响了中华民族的精神性格，在中国文学的发展上有着极为崇高的地位。公元前 278 年，秦军攻克楚国郢都，屈原在忧愤与绝望中，抱石自投汨罗江而死。

（五）宋玉的文学成就

在楚辞方面，“屈原既死之后，楚有宋玉”，宋玉是屈原以后楚国著名的楚辞作家。但宋玉的楚辞只有屈原的辞藻，没有屈原的风骨，就像司马迁的评价那样：“皆祖屈原之从容辞令，终莫敢直谏。”

宋玉出身低微，出仕后并不得意，而他虽学习屈原的作品，但格调却很低沉。在《汉书·艺文志》记载有十六篇宋玉的作品，可惜篇目已无法考证。《楚辞章句》中记载宋玉的作品有《招魂》和《九辩》，另外在其他文集中还录有《风赋》、《高唐赋》、《神女赋》、《登徒子好色赋》、《对楚王问》、《笛赋》、《大言赋》、《小言赋》、《讽赋》、《钓赋》、《舞赋》。但实际上，除《九辩》外，其余作品都是后人托名伪作。

尽管宋玉的作品只流传下《九辩》一篇，但这并不影响他在文学史上应有的地位。《九辩》是一篇优秀的楚辞作品。《九辩》抒发了作者

“落拓不遇”的悲愁和不平，共二百五十五句，在《楚辞》中也是一首长诗。作为一首抒情诗，《九辩》不是直接倾泻出作者内心的激情，而是借助自然景物间接抒发出了自己浓厚的忧郁情感，造成了情景相融的艺术境界。人们习惯上把“屈宋”并称，宋玉固然不如屈原，但宋玉无疑是屈原艺术的优秀继承者，他的作品对后世文学影响颇深，在文学发展的历程中占有一定的地位。

附录二
生产力的革新

一、铁器的使用

战国时期，农业生产发展比较迅速的一个重要原因，就是铁器的使用和推广。铁制工具在我国最早出现于春秋时期，但是在战国以前，使用的范围有限，种类很少。

在战国中期，铁器得到了普及。从种类上说，当时的铁制农具有铲、锛、镢、锄、耙、犁、镰等；手工工具有削、凿、斧、锤等；兵器有剑、戟、矛、镞等，此外，还有铁鼎、铁带钩等日常生活用品。铁器种类异常丰富，已经被运用到社会生活中的各个方面。从战国中期铁器出土地点看，北起辽宁，南到广东；东起山东，西到四川、陕西，铁器的使用几乎遍及当时中国的各个地区。

由于铁制农具的出现，牛耕在农业中也得到普及。战国时期，出现了两牛一犁的耕作方式，使牛耕劳动的生产效率进一步提高。当时的铁口犁，犁头全体呈 V 字形，前端尖锐，后部宽阔，犁锐为直棱形，使刺土能力得到加强。因此这一时期的牛耕已经不只是提高农业耕作效率这么简单，在耕作时已经可以做到深耕，使农作物更容易生长。

随着铁制农具的广泛运用，牛耕方式的推广，战国时期的农业产量获得了巨大的提高，有效地推动了社会的发展。

二、鲁班的传说

鲁班，姓公输，名般，又称公输般，春秋时期鲁国人。古时“般”和“班”同音通用，所以人们常称他为鲁班。鲁班大约生于公元前507年，卒于公元前444年，他善于土木建筑，传说人们日常生活中使用的墨斗、刨子、钻子，以及凿子、铲子、锯等木工工具都是由他发明的。在中国，土木工匠们把他尊奉为“祖师”。

鲁班一生发明很多。在《事物绀珠》、《物原》、《古史考》等古籍中都有记载。比如说木工使用的曲尺就是鲁班的发明，所以也称鲁班尺。据《世本》上记载，石磨也是鲁班的发明。最初把磨称为石岂，在鲁班发明石磨以前，人们从事农业劳动时，去掉谷物壳皮、破碎豆麦是一件十分烦琐的劳作，开始人们是用石头把谷物压碎或者碾碎，后来则把谷物放在石臼里面用杵来舂捣，都是比较费时费力的。后来，通过不断地生产实践，人们发现与捣碎相比，用碾碎的方法去掉谷物壳皮、破碎豆麦，效果又好又省力。鲁班由此受到启示，发明了用人力或畜力使它转动的石磨。磨把杵臼的上下运动改变为旋转运动，使杵臼的间歇工作变成连续工作，大大减轻了劳动强度，提高了生产效率，无疑是一项伟大的发明。

在鲁班的众多发明中，与我们日常生活最近、最密切的，可能就是锁了。锁在上古时期就已经有了，但结构都比较简单。鲁班制造的锁，外面不露痕迹，机关设在里面，必须借助配合好的钥匙才能打开。

《墨子·鲁问篇》中也记载了很多鲁班的发明。如《墨子·鲁问篇》中说："公输子削竹木以为鹊，成而飞之，三日不下。"讲述了鲁班制作了一种木鸟能乘风力飞上高空，三天不降落的事情。《墨子·鲁问篇》中还记载了鲁班制造攻城用的"云梯"和水战中用的"钩强"，以及改造车辆，制作了由木人驾御的木车木马等事情。鲁班的事迹之所以会被记载到《墨子》一书中，是因为他后期开始信奉墨子的学说。在墨家"非攻"思想的影响下，鲁班后来不再制造兵器，而专门从事生产生活上的发明创造。

鲁班能取得众多的成就与他母亲和妻子的帮助是有关系的。传说，鲁班未成家前做木工活，用墨斗放线的时候，都是由他的母亲帮助拉墨线头的。后来，经过多次实验，母子俩在墨线头上拴了一个小钩，放线的时候，用小钩钩住木料的一端，就可以代替用手拉线。从此鲁班一个人操作就行了，弹墨线不再需要母亲帮忙了。后世木工为纪念鲁班勤劳贤惠的母亲，就把墨线头上的小钩取名为"班母"。与"班母"的由来相似，鲁班结婚后，做木工活就改让妻子云氏帮忙。起初，鲁班刨木料时都需要妻子扶着才行。后来，鲁班发明了卡口，顶住了木头，这样一来，也就不再需要妻子帮忙，一个人就能独立工作了。而刨木料时顶住木头的卡口，便

春秋·蟠螭纹曲尺形建筑构件

被后人叫做“班妻”了。

另外据《玉屑》一书中记述，鲁班的妻子云氏十分聪明贤能。鲁班成年累月在外给人盖房，不仅要顶着太阳晒，有时工作正做到一半，天上就下起大雨了，这时又不能停，他就只好忍着。鲁班的妻子云氏看在眼里，就动脑筋做了一把伞，让鲁班出门做工的时候带上，好遮日避雨。人们看到鲁班用伞后，都觉得伞十分实用，也都纷纷效法，伞也就得到了普及。直到今天，伞的用途仍没有减弱，是人们日常生活中不可缺少的用具。

关于鲁班的故事还有很多，不能一一叙述。他出身贫寒，作为一个劳动人民，他的故事却能广为流传，这与他对后世民生的贡献是分不开的。

附录三
周朝历史时间表

周(公元前 1046 年—公元前 256 年)

西周 (公元前 1046 年—公元前 771 年)

帝　王	在位时间	登基时间
武王(姬发)	4	公元前 1046 年
成王(～诵)	22	公元前 1042 年
康正(～钊)	25	公元前 1020 年
昭王(～瑕)	19	公元前 995 年
穆王(～满)	55	公元前 976 年
共王(～繄扈)	23	公元前 922 年
懿王(～囏)	8	公元前 899 年
孝王(～辟方)	6	公元前 891 年
夷王(～燮)	8	公元前 885 年
厉王(～胡)	37	公元前 877 年
共和	14	公元前 841 年
宣王(～静)	46	公元前 827 年
幽王(～宫湦)	11	公元前 781 年

东周 （公元前770年—公元前256年）

帝　王	在位时间	登基时间
平王(姬宜臼)	51	公元前770年
桓王(～林)	23	公元前719年
庄王(～佗)	15	公元前696年
釐王(～胡齐)	5	公元前681年
惠王(～阆)	25	公元前676年
襄王(～郑)	33	公元前651年
顷王(～壬臣)	6	公元前618年
匡王(～班)	6	公元前612年
定王(～瑜)	21	公元前606年
简王(～夷)	14	公元前585年
灵王(～泄心)	27	公元前571年
景王(～贵)	25	公元前544年
悼王(～猛)	1	公元前520年
敬王(～匄)	44	公元前519年
元王(～仁)	7	公元前475年
贞定王(～介)	28	公元前468年
哀王(～去疾)	1	公元前441年
思王(～叔)	1	公元前441年

考王(～嵬)	15	公元前 440 年
威烈王(～午)	24	公元前 425 年
安王(～骄)	26	公元前 401 年
烈王(～喜)	7	公元前 375 年
显王(～扁)	48	公元前 368 年
慎靓王(～定)	6	公元前 320 年
赧王(～延)	59	公元前 314 年

参考文献

[1] 冯静荪，李君.资治通鉴谋略大典 [M] .郑州：中州古籍出版社，1993.

[2] 司马光.资治通鉴精华 [M] . 北京：九州出版社，2005.

[3] 司马迁.史记 [M] .长沙：岳麓书社，1988.

[4] 班固.汉书 [M] .郑州：中州古籍出版社，1996.

[5] 范晔.后汉书 [M] .郑州：中州古籍出版社，1996.

[6] 四书五经 [M] .长沙：岳麓书社，1998.

[7] 陈晋.毛泽东评点二十四史 [M] . 北京：时事出版社，2011.

[8] 冯梦龙.东周列国志 [M] .长沙：岳麓书社，1990.

[9] 卢定兴，王良.五千年帝王历史演义 [M] . 北京：京华出版社，2009.